LO QUE HACEN TUS HIJOS EN INTERNET

Leonardo Cervera

LO QUE HACEN TUS HIJOS EN INTERNET

integral

Lo que hacen tus hijos en internet

Autor: Leonardo Cervera Navas
Diseño e ilustración de cubierta: Opalworks
Compaginación: Victor Igual, S.L.

Primera edición: septiembre 2009

Ref.: OALR208
ISBN-13: 978-84-9867-609-9
Depósito legal: B-31469-2009
Impreso por: Novagrafik

Dedicado a Fabio Colasanti, director general de la
Sociedad de la Información y Medios de Comunicación
de la Comisión Europea, que con su decidido apoyo
a mi investigación académica en Estados Unidos
hizo posible este libro

ÍNDICE

Razones para un libro

La idea de este libro surgió mientras trabajaba como profesor visitante en la Universidad de Duke (Carolina del Norte).[1] Una de mis actividades académicas fue la organización de la primera celebración conjunta del Día de la Protección de Datos (28 de enero) entre Europa y Estados Unidos, y con la financiación de empresas de tecnología estadounidenses (Google, Intel y Microsoft, entre otras) preparamos unas charlas para adolescentes que expertos en protección de datos y profesores voluntarios dieron en colegios, institutos y universidades de diecinueve estados.

Fue entonces cuando tomé conciencia de lo poco que sabemos los padres sobre lo que hacen nuestros hijos en Internet, y decidí que escribiría este libro como una llamada de atención. Sus enseñanzas no son sólo fruto del conocimiento que tengo sobre estos temas por mi trabajo en Bruselas y por mi investigación académica en Estados Unidos; también son el resultado de mi propia experiencia personal y familiar, como padre de un niño de doce años y una niña de diez que poseen su propio ordenador y son muy aficionados a Internet.

1. Gracias a una generosa beca de mi empleador, la Comisión Europea. A propósito, debo decir que todas las opiniones vertidas en este libro son estrictamente personales y no reflejan las opiniones de la Comisión Europea en esta materia.

Albergo dos esperanzas con esta obra. En primer lugar, deseo que se lo pase usted bien mientras descubre (a veces con asombro, otras con preocupación) lo que hacen sus hijos en Internet. Además de saciar su curiosidad, aprenderá bastantes cosas que seguramente no sabía y que podrá aplicar a partir de ahora a su vida diaria y a sus hábitos tecnológicos.

En segundo lugar, espero que hablará del libro con sus hijos, primero, y con otros padres, después. La educación sobre el uso responsable de Internet no forma parte de la enseñanza reglada en colegios e institutos y, por tanto, nos corresponde a nosotros, los progenitores, velar para que nuestros hijos se comporten como es debido en Internet y se abstengan de llevar a cabo acciones que pueden dañar a otras personas o a ellos mismos.

Por último, si le queda a usted tiempo, visite el blog del libro y comparta sus experiencias con otros padres. De esta manera podremos enriquecernos todos de este esfuerzo colectivo que es la educación y contribuir a que más y más padres sepan lo que hacen sus hijos en Internet y cómo orientarles hacia usos más positivos y educativos.

LEONARDO CERVERA NAVAS
<http://www.leonardocervera.eu>
<http://www.loquehacentushijos.com>

ALGUNAS NOCIONES BÁSICAS
PARA IR ENTRANDO EN MATERIA

Usted usa Internet, su hijo vive en Internet

La inmensa mayoría de los padres (y eso incluye a este autor antes de investigar a fondo sobre el asunto) somos incapaces de imaginarnos lo que hacen nuestros hijos en Internet, y no es que seamos todos tontos o despistados; nuestro problema radica en que, como la gran mayoría usamos algunas cosas de Internet, ya nos creemos que sabemos de qué va el asunto, cuando la realidad demuestra que lo que los padres hacemos normalmente en Internet es una tontería comparado con lo que hacen nuestros hijos.

La mayoría de nosotros nos limitamos a consultar nuestros correos electrónicos, a leer las noticias, a buscar la dirección de un restaurante en un buscador o a comprar algún billete de tren o de avión. Por descontado, el menos tecnológico de nuestros hijos adolescentes hará muchas más cosas, y mucho más interesantes, que nosotros.

Como ha comentado acertadamente Elizabeth Englander, del Massachusetts Aggression Reduction Center, los jóvenes son nativos de Internet, y los adultos, meros inmigrantes. A esto añadiría yo que los padres *usamos* Internet y nuestros hijos lo *viven*. Para nosotros, los padres, Internet es esa cosa que utilizamos, sobre todo en el trabajo, y que no acabamos de entender muy bien. Para ellos, los hijos, Internet constituye un mundo virtual tan auténtico como el real, y prueba de ello es que la mayoría de los adolescentes creen genuinamente que se puede tener intimidad con otra persona sin necesidad de contacto físico (cibersexo o amistad virtual).

Para poder *vivir* en Internet es necesario adaptarse a este nuevo medio, algo para lo que la mayoría de los padres tenemos dificultades, unos más que otros.

¿A qué generación pertenece usted?

- *La Generación baby-boom*: los nacidos entre 1945 y 1965. Son los hijos de una sociedad inmersa en una fuerte crisis de valores. Individualistas, narcisistas, abusaron de las drogas y el alcohol. Para los *baby-boomers*, la tecnología punta fue la televisión, los discos de vinilo y el cine.
- *La Generación X*: los nacidos entre 1965 y 1985. Niños a los que los adultos de su tiempo, muy centrados en el trabajo en momentos de grandes convulsiones económicas, no les prestaron demasiada atención. Han salido un poco malcriados. Son parecidos a los *baby-boomers*, aunque más tecnológicos: vieron nacer la televisión de varios canales, los primeros discos compactos, los vídeos, los transistores y las calculadoras.
- *La Generación Y*: los nacidos a partir de 1985. Jóvenes más sanos y más seguros de sí mismos, pues crecieron en una etapa de auge económico. Muchas menos drogas, menos cigarrillos y mucho más sexo (se calcula que más de la mitad de los jóvenes de entre quince y diecinueve años han practicado el sexo oral). Se trata de la primera generación que se ha criado con la conexión de Internet en casa y, por tanto, considera el ordenador como otro electrodoméstico más.

Lleve a su hijo de la mano por las calles de Internet

Ni usted ni yo dormiríamos tranquilos si sospechásemos que nuestros hijos están charlando en un parque con un desconocido o paseando solos por el Barrio Rojo de Ámsterdam. Por la misma razón, a usted y a mí nos preocupa bastante lo que hacen nuestros hijos en Internet.

De la misma manera que los niños necesitan padres que les lleven al parque y les ayuden a cruzar la calle, los niños y los adolescentes de hoy en día también precisan padres que les acompañen a navegar por las calles y los parques de Internet. Usted llevará a su hijo de la mano hasta que se cerciore de que comprende el funcionamiento de los semáforos y de los pasos de cebra, y de que se ha habituado a mirar a ambos lados de la carretera antes de cruzar. A sus hijos adolescentes, les dará bastante más autonomía, pero también se asegurará de que comprenden que hay conductores que no respetan ni los semáforos ni los pasos de cebra, y que es fundamental llevar puesto el casco en todo momento.

Este símil de la seguridad vial sirve muy bien para el propósito de ilustrar que la responsabilidad de los padres del siglo XXI no termina en el mundo real, sino que se extiende al virtual, es decir, al de Internet, un universo en el que nuestros hijos pasan tanto tiempo como en el real y donde además están expuestos a algunos riesgos que, por desgracia, no tienen nada de virtuales y son muy reales.

Muchos padres todavía no son muy conscientes del calibre de estos riesgos o, si lo son, prefieren mirar hacia otro lado, ya sea porque no saben muy bien qué hacer o porque les da vergüenza reconocer su ignorancia.

Pero el propósito de este libro no se limita sólo a que conozca usted estos riesgos y se los transmita a sus hijos, sino que pretende también que sus hijos puedan aprovecharse del universo de oportunidades que ofrece Internet. Permítame otro símil. Imagine por un momento que, en lugar de venir al mundo en las últimas décadas del siglo xx, nació usted en los últimos decenios del siglo xix, y que, por primera vez, las autoridades abrieron una modesta biblioteca pública en la pequeña localidad en la que vivía. ¿Acaso no invertiría unas cuantas horas de su tiempo en enseñar a sus hijos a consultar los libros y habituarlos a la lectura? Si es así, ¿acaso no dedicará unas pocas horas en enseñar a su hijo a utilizar Internet, la biblioteca de las bibliotecas?

Nuevas formas de comunicación, pensamiento y aprendizaje

Los jóvenes de hoy en día, a los que se denomina «la generación MySpace», «la generación Y», «la generación digital» o incluso «la generación Nintendo», están habituados a unos hábitos de comunicación que no existían hace quince años. Me estoy refiriendo a la comunicación no presencial instantánea y a la comunicación muchos-con-muchos.

Lo de la comunicación muchos-con-muchos era impensable en nuestra época. Sencillamente no existía ninguna tecnología que pudiera hacer realidad esta modalidad de comunicación. El teléfono era lo más parecido a la comunicación instantánea no presencial, aunque como no existían los teléfonos móviles y no todo el mundo vivía pegado al teléfono, la comunicación no presencial instantánea no se vivía ni mucho menos con la inmediatez con la que se *vive* hoy en día.

Nos aproximamos al final de la primera década del siglo xxi y todo es rápido: la comida, la televisión (*zapping*), la comunicación. Por eso a los más jóvenes no les gusta leer textos largos y, por regla general, prefieren lo audiovisual a lo textual.

Además su pensamiento es no lineal. Para entender lo que quiero decir sin necesidad de largas explicaciones, les invito a que detengan unos instantes la lectura de este libro y a que visionen el vídeo *Web* 2.0 *The Machine is Us: En español*, en Youtube.

<http://www.youtube.com/watch?v=PL-ywltLjzk>

Las palabras, cuando se convierten en hipervínculos en Internet, dejan de ser lineales y empiezan a «tener profundidad», originando un pensamiento no lineal y motivando que el aprendizaje de la generación digital sea diferente. Hoy en día, los jóvenes esperan aprender de manera interactiva, divirtiéndose a golpe de clic; nada que ver con el método pasivo de generaciones pasadas («la letra con sangre entra»).

Es comprensible que los editores de libros de texto escolares se resistan a extinguirse, pero la lógica de cuanto acabo de exponer parece conducirnos a aulas con ordenadores y a mochilas desprovistas de libros de papel.

Pero antes de que empiece usted a ponerse nervioso (sobre todo si trabaja en el gremio editorial), propongo que hagamos un esfuerzo de distanciamiento y pongamos las cosas en su justa perspectiva.

Un adolescente no es muy distinto de otro

Usted mismo pertenece a una generación tecnológica que también provocó algún que otro quebradero de cabeza a sus padres (los abuelos de hoy en día). Quizá, cuando era niño o adolescente, tenía una televisión en su habitación (que seguramente veía demasiado tiempo y a escondidas, robándose horas de sueño) y un walkman que llevaba a todas partes y a toda potencia, provocándole sordera prematura; es posible que se *enviciara* con los videojuegos del momento (en la Atari o en la Sega) y, con toda probabilidad, se gastó mucho dinero en discos, cintas de música o películas de vídeo (duplíquese la partida de las películas de vídeo si sus padres fueron de los que optaron por el Sony Betamax en lugar del VHS).

Un adolescente no es muy diferente de otro, y tal vez usted se sentía fascinado (como lo estaba yo) con los primeros ordenadores domésticos (el Spectrum o el Comodore 64) y pasaba las tardes jugando a «los marcianitos» en los salones recreativos. Las modas cambian, pero la fascinación adolescente permanece, ya se llame Elvis Presley, los Beatles, el *Moonwalk* de Michael Jackson o Britney Spears.

Los mismos problemas pero magnificados por la tecnología

Entonces, ¿qué es lo que ha cambiado para que estemos todos tan preocupados por Internet? Lo que ha variado es la tecnología, que magnifica los problemas. Ya no se trata de escolares que intercambian cintas de audio en los institutos como solíamos hacer en los años ochenta, sino de adolescentes que llevan iPods con gigabytes de música (miles de canciones) descargados ilegalmente de la Red. Ya no se trata de chicos que se pasan una revista pornográfica por debajo del pupitre, sino de porno salvaje a golpe de clic.

Las diez invenciones que cambiaron el mundo

Los científicos de la Asociación Británica de la Ciencia (British Science Association) han publicado una lista con las diez invenciones que modificaron el mundo, es decir, innovaciones tan efectivas y exitosas que han transformado el estilo de vida de los que las utilizan hasta el punto de que hoy en día ya no podrían vivir sin ellas.

Siguen, a continuación, las diez invenciones por orden de importancia:

1) *El GPS.* El Sistema de Posicionamiento Global (*Global Positioning System*, en inglés), diseñado en 1978 como un sistema de navegación para las fuerzas militares estadounidenses.

2) *El walkman de Sony.* Aparecido en 1979, cambió los hábitos de millones de personas. Antecesor del iPod de Apple.

3) *El código de barras.* Diseñado en 1949, aunque popularizado algunos años más tarde. Alteró la forma de comprar.

4) *La PlayStation.* A diferencia de otras videoconsolas, ésta, lanzada en 1994, se quedó para siempre en las habitaciones de los adolescentes y de los adultos. Se han vendido más de cien millones de unidades.

5) *Las comidas preparadas.* Transformaron la manera de cocinar y de consumir los alimentos a partir de los años setenta.

6) *Las redes sociales.* Facebook o Twitter han revolucionado el modo de interactuar y de comunicarse.

7) *Los mensajes de texto.* Responsables de un nuevo vocabulario y de una nueva gramática, casi incomprensible.

8) *El dinero electrónico.* ¿Quién podría vivir en la actualidad sin una tarjeta de crédito?
9) *Las microondas.* Responsables de los radares, los teléfonos móviles, la televisión por satélite y la conexión a Internet inalámbrica.
10) *Las zapatillas deportivas.* Algunas personas hoy en día se resisten a utilizar otro tipo de calzado.

El largo camino hacia la Web 2.0

1968: Invención de la calculadora portátil y del microprocesador.

1974: Salen al mercado los primeros *beepers*.

1980: Asteroides y Lunar Lander se registran en la U.S. Copyright Office.

1981: Primer PC (*personal computer*) de IBM.

1989: Primeras consolas portátiles.

1993: Se crea el navegador Mosaic (después Netscape) para navegar por Internet.

1997: Nace el DVD, muere el vídeo.

1997: Nace el AOL Instant Messenger.

1999: Irrupción de Napster.

2001: Primeros iPods.

2002: Friendster (un millón de usuarios en julio de 2003).

2003: MySpace. 77 millones de usuarios en 2006 y 280.000 nuevos usuarios al día.

2004: Blogs (Livejournal and Blogger). Millones de blogs.

2005: Primeros videoblogs.

2004: Podcasts.

2005: Youtube.

2006-2009: Web 2.0, Facebook, Twitter, iPhone, E-readers...

Pero antes de que se deprima o saque una conclusión demasiado negativa de Internet, acuérdese de que para usted, y para mí, el acceso al conocimiento se limitaba a la biblioteca Espasa o a la Enciclopedia Larousse que tenían sus padres en la repisa, mientras que para sus hijos el acceso al conocimiento apenas tiene límites si puede permitirse una conexión a Internet.

Por lo tanto, no saquemos conclusiones todavía y veamos cómo se desarrolla un día normal en la vida de un adolescente conectado a Internet. Seguidamente, calibraremos de manera objetiva cuáles son los riesgos y cuáles las oportunidades que ofrece la Red a nuestros hijos.

Repasemos la vida de Susana, una adolescente ficticia de catorce años de clase media que utilizaremos como modelo.

Nada más levantarse y antes incluso de desayunar, Susana revisa sus mensajes en sus varias cuentas de correo electrónico y en sus comunidades favoritas (Tuenti, Facebook o MySpace). Mientras se ducha, escucha el podcast que producen unos amigos del instituto, y durante el desayuno deja el iPod sincronizándose con las cosas que se ha descargado durante la noche. Ya empieza a mandar mensajes de texto a sus amigos con el teléfono móvil y, si dispone de un dispositivo con conexión a Internet, como un iPhone, posiblemente se enrede con mensajes y consultas en la Web.

De camino al colegio escucha su música favorita en su reproductor MP3/MP4 (iPod). La mayoría de las canciones se las ha bajado ilegalmente de Internet o se las ha *ripeado* de discos de amigos, aunque tiene unas cuantas canciones legales que se compró con un vale de iTunes que le regaló su tía por su cumpleaños.

Cuando entra en la clase pone su teléfono móvil en modo vibración y un poco más tarde, en la clase de informática, aprovechando que su *profe* no la ve, consulta su cuenta webmail y deja un par de mensajes en el «muro» (la página personal en una red social) de un par de amigas.

Durante el recreo y durante la hora del almuerzo se olvida temporalmente de las comunicaciones electrónicas y se centra en las conversaciones cara a cara y el contacto personal con sus amigos, aunque hablan de organizar una partida en red con un videojuego para esa misma noche y comentan con preocupación que los profesores están tomando la manía de registrarse en las redes sociales y husmear lo que dicen sus alumnos.

Cuando regresa a casa después del colegio, vuelve a conectarse a Internet y realiza varias tareas a la vez: hace los deberes, escucha música en el ordenador, chatea con los amigos con el Messenger, actualiza su perfil en Tuenti, etc.

Tras la cena, hace un par de pujas en eBay por una colección de cómics manga que ha localizado a muy buen precio, juega un rato a *World of Warcraft* para relajarse, emplea su buena hora echando un vistazo a las páginas de los amigos y dejando mensajes y contestándolos, lee las noticias y las páginas web que le interesan, deja el ordenador descargándose cosas (la mayoría de ellas, ilegales) y se va a dormir.

Para Susana, como para la mayoría de los niños y los adolescentes de hoy en día, una vida sin conexión a Internet resulta inconcebible. Recuerde: los adultos *usamos* Internet en nuestras vidas y los jóvenes *viven* sus vidas en Internet.

Lógicamente, lo que hacen nuestros hijos en Internet varía mucho con la edad. Como iremos viendo a lo largo de este libro, cuando son más pequeños, la estrella absoluta es Youtube, por su simplicidad y porque es como una televisión a la carta. Al crecer, el aspecto informativo y social de Internet va ganando en importancia hasta el punto de que, durante la adolescencia, lo que más hacen es visitar los sitios web que les interesan (de series de televisión, películas, cantantes, etc.) y enviar y recibir mensajes mediante la mensajería instantánea o a través de redes sociales.

Los sitios sociales más visitados

De acuerdo con la prestigiosa publicación *TechCrunch*, que cita las cifras de comScore, en noviembre de 2008, éstos serían los lugares sociales más visitados, por este orden:

1. Google's Blogger (222 millones de visitantes únicos).
2. Facebook (200 millones).
3. MySpace (126 milones).
4. Wordpress blogs (114 millones).
5. Windows Live Spaces –también blogs– (87 millones).
6. Yahoo GeoCities –sitios web gratuitos– (69 millones).
7. Flickr –sitio para compartir fotos– (64 millones).
8. Hi5 –red social latinoamericana– (58 millones).
9. Google's Orkut –red social con millones de usuarios en Brasil– (46 millones).
10. SixApart –sitio para hospedar blogs– (46 millones).

Actividades de los adolescentes en Internet

¿Sueles ir a Internet para...?

¿Visitar sitios web sobre películas, series, grupos de música, cantantes?	81 %
¿Obtener información sobre noticias y actualidad?	77 %
¿Enviar o recibir mensajes instantáneos?	68 %
¿Ver vídeos del estilo de los de Youtube?	57 %
¿Utilizar redes sociales como MySpace o Facebook?	55 %
¿Obtener información sobre una universidad que te interesa?	55 %
¿Jugar a juegos en línea?	49 %
¿Comprar cosas en línea, como libros, ropa o música?	38 %
¿Leer sobre temas de salud, dietas y ejercicio?	28 %
¿Descargar un podcast?	19 %
¿Visitar una sala de chat?	18 %

FUENTE: Encuesta Pew sobre Internet y la Vida Americana de Padres y Adolescentes, octubre-noviembre de 2006.

INTERNET:
¿TIERRA DE PELIGROS O TIERRA DE OPORTUNIDADES?

La inmensa mayoría de los padres y de los hijos (hasta el 90 % según los últimos estudios publicados) consideran que deben pesar más los beneficios tangibles de utilizar Internet que sus peligros potenciales.

Eche un vistazo a la siguiente tabla y juzgue por sí mismo:

Riesgos de Internet	Oportunidades de Internet
Exposición a contenidos inapropiados	Una biblioteca impagable e inabarcable
Posible contacto con pedófilos y depredadores sexuales	Fomenta la comunicación con familiares y amigos
Ciberanalfabetismo	Crea sentido de comunidad, trabajo en equipo
Desinformación	Forma tecnológicamente
Malas influencias	Promueve el activismo
Spam, virus	Ayuda a hacer los deberes
Atentados contra la intimidad	Fomenta la creatividad y la actividad artística

Preocupados sí, pero tampoco demasiado

En los últimos dos o tres años se han publicado algunos libros, sobre todo en Estados Unidos, que contienen mensajes muy alarmistas (quizá porque poner el acento en lo negativo o en el morbo venda más). La realidad es que la mayoría de los especialistas en estas cuestiones no entonan el discurso e-apocalíptico y, desde luego, los informes más recientes (véase, por ejemplo, el del Instituto Nacional de Tecnología de la Comunicación, del Ministerio de Industria, Turismo y Comercio, de marzo de 2009) no avalan estas teorías tremendistas.

La recomendación general que se desprende de *Lo que hacen tus hijos en Internet* es que los padres debemos estar razonablemente preocupados, pero no hasta el punto de apartar a nuestros hijos de la Red, ya que entonces les estaríamos privando de una parte importante de su educación como ciudadanos tecnológicos. Es cierto que hay algunos casos extremos en los que cortar por lo sano parece la única solución posible. Sin embargo, en la inmensa mayoría de los casos una medida tan drástica no parece justificada: si Internet plantea problemas para sus hijos, lo más aconsejable es orientarles y establecer una vigilancia discreta.

Pánicos morales de los últimos siglos

Resulta perfectamente comprensible que los padres se alarmen con las noticias que aparecen en la prensa sobre pedófilos y depredadores sexuales que utilizan las redes sociales para cazar a sus víctimas, pero, como ya hicimos en el capítulo anterior cuando comparamos a la generación X con la Y y demostramos la existencia de algunas similitudes, conviene poner las cosas en perspectiva. Propongo que repasemos brevemente las reacciones (más o menos histéricas) que fenómenos tecnológicos similares provocaron en los padres de sociedades pasadas.

A finales del siglo XVIII, por ejemplo, los progenitores estaban preocupados porque pensaban que si sus hijas leían demasiadas novelas románticas, ello podría abocarlas a la lujuria y al desenfreno. En la primera mitad del siglo XX, cuando empezaron las salas de cine, muchos padres se negaban a que sus hijos acudieran a aquellos locales debido a las historias que se publicaban en los periódicos sobre actos sexuales atroces realizados al amparo de la oscuridad. También había quien se negaba a que sus hijos leyeran cómics porque se consideraba que apartaban a los jóvenes de la auténtica literatura, o que escuchasen música de jazz, que se suponía que incitaba a las relaciones sexuales entre personas de distinta raza, por no hablar del pecaminoso *rock and roll*, con los movimientos de caderas de Elvis Presley, por citar sólo algunos ejemplos.

En definitiva, el enfoque de este libro pondrá el acento en lo positivo y en lo formativo de Internet (sin menospreciar los riesgos), asesorando a los padres para que, con un poco de habilidad y de mano izquierda, sean capaces de orientar a sus hijos hacia lo bueno y lo positivo de Internet.

El problema de la pornografía

Una de nuestras mayores preocupaciones como padres es lo fácil que resulta el acceso a la pornografía en Internet (véase a modo de ejemplo la imagen-presentación del juego para adultos *Red Light Center*).

En mi opinión, se trata de una preocupación muy justificada y no puedo estar de acuerdo con los que intentan quitar hierro al asunto. Hay que decirlo claramente: la pornografía tiene un efecto muy pernicioso para la educación de nuestros hijos. Estudios científicos han demostrado que, cuando los jóvenes ven prácticas pornográficas, les apetece probarlas, y de hecho muchos prueban, en los próximos días, lo que han visto. No se trata ya sólo de que estamos hablando de niños o adolescentes que no están preparados para realizar prácticas sexuales de ese calibre, sino que, como todo el mundo sabe, la pornografía ofrece una imagen distorsionada de la sexualidad en la que las mujeres están allí sólo para satisfacer a los hombres, cuando no para ser humilladas.

Como no es ésta la educación sexual que queremos para nuestros hijos y como resulta muy difícil impedir el acceso de éstos a los contenidos pornográficos, sería absurdo negar la existencia del problema.

Sentado este principio, y como venimos haciendo desde el comienzo de este libro, tampoco conviene dramatizar en exceso. Aprender y experimentar con la sexualidad es algo natural para los adolescentes, y los escarceos de los más jóvenes con materiales eróticos y pornográficos tienen una larga historia en nuestras sociedades contemporáneas.

Los jóvenes de los años cincuenta miraban los pechos a las africanas del *National Geographic*; los de los sesenta, se iban a la parte de atrás del Simca 1000; los adolescentes de los setenta escondían revistas pornográficas bajo el colchón; los de los ochenta, sacaban vídeos porno del videoclub cuando sus padres salían a cenar, y los de los noventa, veían las películas pornográficas en el Canal Plus los viernes por la noche (a veces intuyendo las formas tras las líneas de decodificación). Los jóvenes de hoy en día ven vídeos pornográficos en banda ancha o se descargan películas clasificadas X en las redes *peer-to-peer*.

La «pornización» de nuestra sociedad

Por desgracia, en nuestra sociedad hay demasiado sexo y erotismo. No sólo en Internet, también en el cine y en la televisión, y ello afecta al comportamiento de los más jóvenes, que resultan muy influenciables. Los sociólogos hablan de una «pornización» de la sociedad y creo que no les falta razón.

Los jóvenes ven a los protagonistas de sus series favoritas hablando de sexo continuamente; de vez en cuando, se difunde por Internet algún vídeo robado de alguna cantante sin ropa interior; los vídeos musicales, muchos de ellos de alto contenido sexual, muestran a los chicos y a las chicas en los prolegómenos de lo que parece una orgía permanente... Todo esto influye en nuestros hijos hasta el punto de que las chicas de quince años se preocupan por continuar siendo vírgenes y los muchachos del instituto se sienten fracasados porque no consiguen acostarse con todas las mujeres que se cruzan en su camino.

Estudios científicos realizados en institutos y universidades demuestran que los chicos acostumbrados a ver pornografía pierden interés por sus compañeras de clase, que, lógicamente, ni tienen los pechos tan grandes ni parecen estar en celo a todas horas; y que las chicas que leen revistas para adolescentes son mucho más proclives a usar maquillaje y ropa provocativa, porque creen que esta indumentaria *sexy* es necesaria para atraer a los chicos.

Toda esta «pornización» de la sociedad ha motivado que las prácticas sexuales de los jóvenes en la actualidad sean mucho más «porno» que antes. El sexo oral, por ejemplo, está muchísimo más extendido entre los adolescentes de hoy en día que hace quince años. Los jóvenes lo consideran tan válido como el sexo real y lo practican tanto o más a menudo porque, además, resulta más seguro desde el punto de vista de las enfermedades de transmisión sexual y de los embarazos.

La pubertad se adelanta

Junto a esta lamentable «pornización» adolescente, existen otros problemas añadidos. Por ejemplo, parece que la pubertad, fisiológicamente hablando, se estaría adelantando de manera progresiva por causas ambientales como la contaminación, que al parecer la acelera (ello explicaría por qué los chicos de la ciudad alcanzan la pubertad antes que los del campo); o por las hormonas de crecimiento que se inyectan a los animales, y que podrían estar pasando también a los niños; o por el conflicto entre padres e hijos, que parece que también ejerce un efecto acelerador; o por las células de grasa, que asimismo parece que tienen un impacto dinamizador sobre la pubertad, algo que no sería de extrañar con la epidemia de obesidad que sufren nuestros hijos hoy en día a causa de la comida basura y de los productos saturados de azúcar.

Como además los jóvenes se casan cada vez más tarde y los chicos saben que es muy poco probable que el novio o la novia del instituto vaya a terminar siendo su esposa o su esposo, ocurre que las relaciones efímeras, los denominados «amigos con derecho a roce», se aceptan con mucha más facilidad que antes.

En conclusión, cuando un niño llega a los doce o trece años, ya ha visto centenares de películas con contenido sexual, más o menos explícito, y ha visionado pornografía, a veces sin intención, porque puede ocurrir que, cuando un joven está investigando en Internet para un proyecto escolar, sin querer se tope con una página de contenido sexual o con un banner publicitario en el que aparece una señora con el trasero al aire o algo mucho peor. Los niños llaman a estas ventanas que se abren sin intención «mujeres desnudas» y están tan acostumbrados a ellas que apenas les dan importancia.

El cibersexo

Otro fenómeno propio de Internet, que ya tuvo un coletazo pre-digital con las líneas telefónicas eróticas, es el fenómeno del ciber-sexo. El sexo a través de la Red está más extendido de lo que se piensa, y muchos jóvenes lo practican por las mismas razones que ya hemos comentado sobre el sexo oral: porque es seguro, además de rápido y anónimo.

El cibersexo es al sexo real lo que la comida rápida a la comida «lenta». De la misma manera que la *fast-food* tiene sus efectos se-cundarios sobre la salud, también el cibersexo puede provocar efectos secundarios sobre la salud sexual, ya que puede ocurrir que los jóvenes pasen de practicar cibersexo con extraños a hacer sexo real (rápido) con extraños.

Y otro fenómeno que llama mucho la atención de los especia-listas es el «lesbianismo porno» que se está extendiendo peligro-samente entre los adolescentes. Nos estamos refiriendo a la ima-gen de dos mujeres besándose y toqueteándose con el propósito de excitar al hombre, algo que se considera una *scène à faire* de las películas pornográficas y que muchos jóvenes parecen haber adoptado como una práctica sexual «normal», una manifestación más de la «pornización social» a la que nos venimos refiriendo.

Es lo que en la doctrina estadounidense se ha dado en denomi-nar el síndrome *Girls Gone Wild* (Chicas a lo loco). Se trata de un programa de televisión estadounidense que consiste en que unos tipos muy cachondos van con sus cámaras y sus micrófonos por las discotecas incitando a las jovencitas a mostrar sus pechos. En algu-nos casos, cuando las chicas están particularmente locas (o borra-chas), enseñan a cámara también sus genitales y alguna incluso es capaz de realizar prácticas sexuales con alguno de los presentado-res. Todo este exhibicionismo se lleva a cabo a cambio de una ca-miseta o de un sombrero del programa, y de muchas risas por par-te de las jovencitas, aunque los productores de la serie, que se han hecho multimillonarios, obtienen algo más que risas, lógicamente.

Pero no hace falta que nos conectemos a canales televisivos de dudosa reputación. Esta misma actitud erótica y provocativa se encuentra por todas partes, también en las redes sociales. Fíjense, por ejemplo, en los banners publicitarios que aparecen en My-Space o Facebook, que invitan a los chicos a apuntarse a los servicios que existen para buscar pareja. Verán que se muestra a chicas y chicos en poses sensuales y lamiéndose los labios.

Los filtros de Internet

A estas alturas del capítulo, usted se debe de estar preguntando si hay algo que se pueda hacer para evitar todo esto. Sin perjuicio de que en los capítulos finales del libro tratemos del tema con un poco más de detenimiento, baste decir por el momento que existen aplicaciones informáticas que filtran la navegación en Internet y que pueden impedir que los niños más pequeños tengan acceso a materiales inapropiados, por lo menos de manera accidental.

El uso de filtros de contenidos resulta muy recomendable para niños pequeños y al comienzo de la adolescencia. Su efectividad es más dudosa para los adolescentes de cierta edad, pues su grado de efectividad nunca es del ciento por ciento, y porque si el adolescente quiere acceder a material pornográfico, no le costará mucho descubrir el sitio web que no aparece listado en el filtro o, si fuera necesario, se servirá de algún truco informático para engañar al filtro, como, por ejemplo, la utilización de un sitio Proxy.

Hay que tener también presente que el empleo de filtros en los ordenadores puede resultar algo molesto, pues como no existe ningún sistema perfecto, a veces impiden el acceso a lugares completamente normales.

Una medida no tecnológica que puede resultar tan efectiva como un filtro en el ordenador (o incluso más) es aprovechar un momento relajado en el que sus hijos parezcan receptivos a hablar con usted y mantener con ellos una sencilla conversación en la que les explique que esta «pornización» de la sociedad no es casual y obedece al afán de algunas personas por ganar dinero (mucho dinero), aprovechándose del lógico interés que despierta el sexo entre los jóvenes y los no tan jóvenes.

Si consigue que sus hijos comprendan lo que hay detrás de todo esto y también que la pornografía no constituye más que una deformación grotesca de las prácticas sexuales, lo más probable es que usted los haya puesto a salvo de los efectos más perniciosos de la pornografía en Internet, porque aun cuando el adolescente siga buscando información para satisfacer su lógica curiosidad, lo hará con un espíritu más crítico y mayor sentido de la realidad.

¿Qué es un filtro de Internet?

Se trata de una aplicación informática que se instala en el ordenador e impide que los niños y los adolescentes puedan acceder a lugares pornográficos u otros sitios que los padres consideran inapropiados (por ejemplo, una determinada red social).

Este tipo de programas suelen incorporar otras utilidades para los padres, como una aplicación que permite programar las horas durante las cuales se permitirá el acceso a Internet a sus hijos, conocer exactamente qué sitios han estado visitando, bloquear el uso de las redes *peer-to-peer* para que no puedan realizar descargas o enviar alertas a los padres en forma de correos electrónicos cuando el sistema detecte que el niño está intentando acceder a lugares no apropiados.

Algunos ejemplos bastante conocidos de programas comerciales serían Net Nanny, CyberPatrol o Safe Eyes, aunque también existen aplicaciones gratuitas que se pueden obtener en lugares de descargas gratuitas como Tucows

(<http://www.tucows.com>) o desde el propio sistema operativo.

Si usted utiliza Windows Vista, puede aprender a configurar el control parental en el último capítulo de este libro.

¿Qué es un sitio Proxy?

Se trata de una página de Internet que permite a los usuarios enmascarar la identificación del ordenador desde el que se realiza la conexión a Internet (dirección IP) o la verdadera dirección de Internet a la que se accede.

Mediante el Proxy se consigue o bien esconder la localización geográfica desde la que se lleva a cabo la conexión (con lo que se logra acceder a páginas web con acceso restringido geográficamente) o bien burlar el filtro instalado en el ordenador que controla la dirección a la que se está accediendo en realidad.

Así, por ejemplo, si el filtro instalado en el ordenador de su hijo restringe el acceso al sitio web de Facebook, acudiendo a un sitio Proxy (<http://www.proxyserver.com>) y conectando desde allí a la página de Facebook (<http://www.proxyserver.com/facebook>), el joven quizá podría acceder sin problemas, aunque seguramente la conexión sería más lenta.

El fenómeno Youtube

Todo el mundo conoce Youtube hoy en día, el portal de vídeos de Internet que se fundó en 2005 y un año más tarde Google compró por la friolera de 1.650 millones de dólares. Muchos se preguntaron cómo era posible que un portal de intercambio de vídeos pudiera valer tanto dinero, pero en realidad por lo que Google estaba pagando no era por los vídeos, sino por su enorme audiencia y sus posibilidades publicitarias. Según parece, Youtube tendría más de 70 millones de visitantes únicos al mes, que pasarían casi una hora en el sitio de intercambio de vídeos. Eso es mucha gente y mucho tiempo para los anunciantes.

Según Google, que publica en Google Insights los términos más buscados por países y categorías, el vocablo más buscado en España el año 2008 habría sido «Youtube», aunque a partir de la segunda mitad del año el término «Tuenti» (hablaremos del fenómeno Tuenti más adelante, en el capítulo dedicado a las redes sociales) ha experimentado una subida espectacular.

Los jóvenes de hoy en día pasan más tiempo en Internet que frente a la televisión, y aunque lo que ven en Internet va cambiando lógicamente con la edad, el fenómeno Youtube es uno de los más significativos.

Una vez que un niño descubre Youtube y tiene acceso al portal de intercambio de vídeos con más o menos libertad, lo prefiere a la televisión, porque para el menor se trata de una especie de televisión *a la carta* que le parece más interesante que la televisión tradicional, donde «no ponen siempre lo que uno quiere» (en palabras de mis propios hijos).

En Youtube se puede encontrar de todo: dibujos animados, canciones, chistes, vídeos graciosos, tráilers de películas... exactamente la clase de cosas que a ellos les gustan. El hecho de que la duración máxima de los vídeos esté generalmente limitada a diez minutos lo hace incluso más atractivo si cabe, pues la capacidad de concentración de los niños resulta más limitada y prefieren que los vídeos sean cortos.

Un atractivo interesante de Youtube desde el punto de vista de los padres es que tiene un filtro de contenidos bastante bueno, por lo que resulta muy difícil que los niños accedan a contenidos pornográficos.

Hay que tener cuidado, no obstante, porque algunos de los vídeos que están disponibles presentan un fuerte contenido violento o «dan mucho miedo» (en palabras de mi hija), o contienen mensajes radicales o desinformación.

He estado observando discretamente lo que hacen mis hijos en Youtube y me da la impresión de que el visionado de vídeos resulta bastante inocuo, aunque en alguna ocasión he descubierto que habían estado viendo vídeos de caballos apareándose (¡el filtro no llega hasta ahí!) o vídeos de terror que más tarde provocaron alguna que otra pesadilla.

Algo que hacemos a menudo mi mujer y yo, sobre todo los fines de semana, es organizar una sesión de Youtube con nuestros hijos, en la que cada cual selecciona dos o tres vídeos musicales o divertidos que enseña a los demás. A mis hijos les hace mucha ilusión mostrarnos las cosas que han descubierto por su cuenta y he de reconocer que algunos de los vídeos son muy ingeniosos, cuando no desternillantes.

Internet: un enorme supermercado global

Los niños y los adolescentes de hoy en día tienen dinero, se lo gastan y hacen que sus padres se gasten también bastante dinero en ellos. Los anunciantes lo saben muy bien y por eso llevan casi una década utilizando Internet como una enorme plataforma publicitaria que va ganando terreno a la televisión.

Los adolescentes actuales son un mercado muy interesante, como en su día lo fueron los niños, sobre todo en los años treinta y cuarenta del siglo xx. Fue sólo después de la Segunda Guerra Mundial cuando los adolescentes empezaron a contar como mercado potencial y ello se reflejó en la radio, con las estrellas del *rock-and-roll*, o en el cine, con estrellas adolescentes como Elizabeth Taylor o Natalie Wood. Durante los sesenta y los setenta, la televisión se utilizó para vender juguetes con sofisticadas técnicas comerciales, y en los ochenta surgió el primer canal dedicado por completo a los niños: Nickelodeon. Muchos otros canales infantiles lo siguieron después.

En los ochenta nació también una nueva categoría juvenil que se encuentra en alza: los preadolescentes (*tweens*, en inglés), que son niños que se comportan casi como adolescentes. Los *tweens* ya no están sólo interesados en los juguetes de Lego o Playmobil: también quieren videojuegos y videoconsolas. Se trata de un mercado muy goloso, en el que los anunciantes hacen buen uso de las técnicas comerciales en Internet.

Hoy en día, si un niño descubre en la televisión unos dibujos animados que le interesan, espera poder encontrar un sitio en Internet donde poder jugar a algún juego flash con sus personajes favoritos: Internet se convierte, pues, en la plataforma perfecta para anunciar los productos (<http://www.barby.com>).

Muchos padres se preguntan si deben permitir a sus hijos comprar productos o servicios en Internet. En realidad, casi siempre las compras las hacen los padres con sus tarjetas de crédito, pero son los hijos los que les llevan a los portales desde donde pueden realizarlas. Bien mirado, no hay ninguna diferencia entre adquirir un juguete en un centro comercial o en un portal de la Web. Los niños y los adolescentes están sometidos a una gran presión consumista no sólo en Internet, sino también en el mundo real. A veces, hay determinados juguetes o servicios que sólo están disponibles en Internet o que resultan sustancialmente más baratos.

En mi opinión, si usted es de los que va a un centro comercial a comprar juguetes con sus hijos, no veo por qué no podría llevar a cabo las compras por Internet también. Lo importante es que utilice las compras *on line* como una oportunidad de oro para educar a sus hijos sobre el comercio electrónico. Así pues, invierta algunos minutos en explicarles cómo pueden hacer para indagar sobre el mejor precio y, sobre todo, aproveche la ocasión para despertar en sus hijos el espíritu crítico, es decir, para que desconfíen si algo parece sospechosamente barato o para que comprendan que al comprar por Internet están en cierta desventaja, pues no pueden ver ni tocar lo que están adquiriendo (por ejemplo, cuando pretenden comprar ropa que no se pueden probar).

Por supuesto, a la hora de pagar y realizar la transacción, es fundamental que haya un adulto con ellos en todo momento, pues el uso de las tarjetas de crédito resulta muy peligroso y puede incluso comprometer la economía familiar.

La comunicación electrónica de nuestros hijos y el alfabetismo digital

Una comunicación muy despersonalizada

La comunicación electrónica es una forma de comunicación muy despersonalizada. Para entendernos, si usted no quiere ver a alguien, le llama por teléfono; si ni siquiera le apetece hablar con él, le manda un correo electrónico, y si ni tan siquiera desea escribir unas líneas, le manda un SMS por teléfono móvil. En otras palabras, mientras más electrónica sea la comunicación, más despersonalizada.

Nuestros hijos emplean muchas clases de comunicación electrónica. La más utilizada de todas continúa siendo el teléfono, y sobre todo el teléfono móvil. Le sigue a bastante distancia la mensajería instantánea, lo que muchos llaman «el Messenger», que ha sido el servicio más usado durante años, pero poco a poco va cediendo espacio a otros programas, sobre todo aquellos que están asociados con el uso de redes sociales, como veremos más adelante. A continuación, siguen los mensajes de texto (SMS) y, sólo en último lugar, los correos electrónicos.

Ésta es una de las grandes diferencias entre la comunicación electrónica de los padres y la de los hijos: los primeros utilizan mucho el correo electrónico para sus comunicaciones electrónicas, mientras que los hijos apenas lo usan.

La comunicación electrónica, pese a ser muy importante y

sustancial para los jóvenes, no ha sustituido completamente la comunicación presencial o cara a cara, que continúa siendo relevante. Se estima que la comunicación con los amigos cara a cara ocupa todavía un 30 % o un 40 %. Un fenómeno interesante que volveremos a comentar cuando hablemos de las redes sociales es que, por regla general, las nuevas amistades se siguen haciendo en el mundo *off line*, es decir, en el patio del instituto y en la discoteca, y lo que ocurre es que los jóvenes utilizan la facilidad y la despersonalización que permite la comunicación virtual para ir conociéndose mejor.

Así, por ejemplo, si un chico y una chica se conocen a la salida de la discoteca, él le dejará su teléfono móvil a ella, y si la chica está interesada, le mandará un mensaje de texto, al que él responderá quizá escribiendo algo en el perfil de la chica en Tuenti, lo que dará pie a un intercambio de mensajes y a una conversación de chat, que finalmente derivará en una conversación telefónica en la que se acordará un encuentro presencial.

Los chats

Puede que muchos padres asocien todavía el fenómeno del chat con las *chat rooms* que había a finales de los noventa (IRC), pero eso ya prácticamente no existe, pues los jóvenes consideran todas estas salas anticuadas, y además han recibido muy mala prensa en los últimos años.

Hoy en día se chatea por otros medios, sobre todo haciendo uso de la mensajería instantánea, el famoso Messenger, u otros servicios similares que existen asociados al Gmail o al Skype, por citar sólo algunos ejemplos.

Gracias al chat, los jóvenes pueden superar su natural timidez, diciéndose cosas que nunca se atreverían a expresar cara a cara. También lo usan para experimentar y adoptar otras identidades o personalidades.

Existe mucha preocupación entre los padres en relación con la comunicación electrónica y los chats en particular, porque se trata del medio que suelen emplear los depredadores sexuales para cazar a sus víctimas. Aun siendo esto cierto, tampoco conviene alarmarse demasiado. Los estudios demuestran que la inmensa mayoría de comunicaciones que realizan los chicos es con la familia y los amigos. Además, el problema de los depredadores sexuales afecta casi en exclusivo a las adolescentes de una determinada franja de edad (de trece a dieciséis años).

En los capítulos finales, no obstante, daremos algunos consejos para concienciar bien a nuestros hijos sobre este problema.

El *Webspeak*

Los mensajes de texto o SMS también son una auténtica plaga entre los jóvenes. Los adolescentes se envían decenas, centenares de mensajes cortos, la mayoría de ellos con información intrascendente y como una forma de mantenerse en contacto permanente («darse un toque»).

Un problema asociado con los mensajes de texto es que, en los mismos, abundan las faltas gramaticales y de ortografía. En realidad, con el paso del tiempo se ha desarrollado un lenguaje propio, denominado *Webspeak* o lenguaje SMS.

Si el lenguaje del SMS le parece raro, no se pierda el *Leet Speak* (1337 o 5p34k, en el propio lenguaje *Leet*). Se trata de un lenguaje utilizado por algunas comunidades de Internet (por ejemplo, los jugadores de videojuegos *on line*) para comunicarse en código y evitar así que otros miembros que no forman parte de la comunidad puedan interferir. Se trata de un lenguaje muy empleado también por los *geeks* (frikis) y los hackers.

Lo último en chat se llama Lively, de Google

Se trata de un mundo virtual web donde los usuarios pueden crear sus avatares (personajes), sus propios espacios virtuales en tres dimensiones y en donde, además, pueden subir sus fotografías y vídeos.

Los personajes pueden entrar en los espacios virtuales de otros usuarios e interaccionar, como si se tratase de una especie de Second Life pero más limitado, pues no existe contenido generado por el usuario, como ocurre en Second Life.

Una característica rompedora de Lively es que las parcelas virtuales se pueden enlazar con blogs y sitios web para que los visitantes puedan entrar en esas parcelas procedentes de otros sitios.

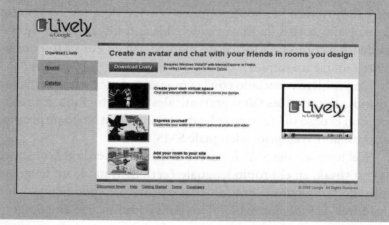

Breve diccionario de *Webspeak*

Acaba:	akba	Días:	dd
Adiós:	a2	Dirección:	dir
Al salir de clase:	ASDC	Domingo:	do
Años:	aa	Dónde:	dnd
Bastante:	bstnt	Ejemplo:	ej
Beber:	bbr	Email:	e-m
Beso:	b	Empezar:	empzar
Besos:	bss	En el/en la:	nl
Bien:	bn	Enfadado:	grr
Borrachera:	pdo	Entrada:	entrda
Botella:	botya	Eres:	ers
Broma:	brma	Esperar:	sprar
Casa:	ksa	Examen:	exam
Centro:	zntro	Favor:	fa
Chat:	xat	Felicidades:	flidads
Chatear:	xatr	Fiesta:	fsta
Chica:	xca	Fin de semana:	fin d smn
Chico:	xco	Fuerte:	frt
Clase:	kls	General:	gral
Cobertura:	cbt	Generalmente:	gral%
Cuál:	qal	¡Genial!:	gnl
Cualquiera:	qalkera	Gente:	gnt
Cuándo:	qndo	Gordo:	grdo
Cuelga:	clg	Gracias:	thanx
Cumple:	qmple	Grande:	L
De:	d	¡Guapa!:	wpa
De día:	d da	Hacer:	acer
De noche:	d nxe	Hasta:	hsta
Debería:	dbria	Hermano:	hno
Decir:	dcir	Hijo puta:	hp

Hola:	hla	Ni puta idea:	NPI
Hombre:	H	No pasa nada:	NPN
Hora:	hr	No puedo hablar:	NPH
Igual:	=	No sé nada:	NSN
Increíble:	ncrible	Nos vemos:	NV
Información:	info	Papá:	Pa
Instituto:	inst	Para:	xa
Internet:	net	Paso de ti:	PDT
Jefe:	jf	Perdón:	xdon
Jueves:	ju	Poco:	pco
Juntos:	jnts	Por:	x
Llámame:	yamm	Por favor:	x fa
Lugar:	lgr	¿Por qué?:	xk?
Lunes:	lu	Porque:	pq
Mamá:	ma	Profesor:	prf
Mañana:	mñna	Piscina:	pscna
Más:	+	Que:	q
¿Me quieres?:	MK?	¿Quedamos?:	kdms?
Mejor:	mjr	¿Qué tal?:	q tal?
Mensaje:	msj	¿Qué te pasa?:	q tpsa?
Menos:	–	Responde:	R
Meses:	mm	¿Sabes?:	sbs?
Metro:	m	Saludos:	salu2
Mierda:	kk	También:	tb
Moto:	mto	Tarde:	trd
Móvil:	mv	Tarjeta:	tjt
Mucho:	mxo	Te quiero:	t q
Mujer:	M	Te veo luego:	TVL
No:	n	Teléfono:	tl
No lo conozco:	NLC	Televisión:	tv
No lo sé:	NLS	Tengo:	tng
Nosotros:	nos	Tengo que irme:	TKI

Trabajo:	tbj	¿Vienes?:	vns?
Vacaciones:	vac	Vosotros:	vos

Leet Speak

Lo que hacen tus hijos en Internet

|o qu3 h4c3n 7u5 h1jo5 3n 1n73rn37

|o q|_|3 |-|@(3|\| +|_|$ |-|1jo$ 3|\| 1|\|+3r2|\|3+

Google™

H4x0r

n0rM4L s34rCh   Im4635   6r00pZ   d1r3c70rY

4DV4NC3D 534RCI-I PR3F3R3N(3Z £4I\I6µ463 700I5

Google s3a|2ch   EyE Am ph33|1n6 |u(ky

4|| 480u7 Google - Google.com in English

©2008 Google

<http://www.google.com/intl/xx-hacker>

Página principal de Google en *Leet Speak*.

El principal inconveniente de los mensajes y de la mensajería instantánea no es tanto las faltas de ortografía (que también), sino que distraen muchísimo a nuestros hijos, pueden crear ansiedad y adicción y destruyen su capacidad de concentración. Si un muchacho está haciendo los deberes y recibe diez o quince mensajes de texto y a la vez tiene un par de conversaciones de chat abiertas en la pantalla, es muy dudoso que las dos horas que emplea haciendo, supuestamente, los deberes, vayan a dar mucho de sí.

Es lo que se denomina comúnmente como el problema de los «multitareas», es decir, los adolescentes que están haciendo seis o siete cosas a la vez: los deberes, oír música, responder a los mensajes SMS, charlar por el Messenger, descargarse música en las redes *peer-to-peer* y hablar por teléfono. Algunos padres creen erróneamente que se trata de una manifestación de inteligencia de sus hijos, pero eso no es necesariamente así, y lo más probable es que acabe por tener efectos perniciosos en su rendimiento escolar. La capacidad cerebral para realizar varias tareas a la vez no está muy desarrollada a edades tempranas, y tanta distracción sólo contribuye a destruir la capacidad de concentración de nuestros hijos, que de por sí está mucho más mermada hoy en día.

Muchos padres se desesperan al comprobar cómo sus hijos tienen serias dificultades para terminar un pequeño libro de cien páginas y la explicación de esta dificultad reside precisamente en la falta de capacidad de concentración y el hecho de que son incapaces de hacer la misma y única tarea más allá de unos pocos minutos.

Algunos jóvenes desarrollan problemas de adicción a las comunicaciones electrónicas. Sienten la necesidad de estar interconectados y retrasan la hora de acostarse, consultando compulsivamente sus distintos buzones de correo y los lugares en los que reciben comunicaciones (teléfono, redes sociales, correo electrónico, etc.). Todo esto puede tener un impacto pernicioso sobre el sueño y, por ende, sobre la salud y el rendimiento escolar. En los capítulos finales de este libro hablaremos más detenidamente sobre los problemas de adicción, cómo detectarlos y cómo solucionarlos.

La «Netetiqueta»

Todos los padres empleamos mucho tiempo tratando de inculcar a nuestros hijos las reglas de la buena educación. Sin embargo, muy pocos conocen y se preocupan por transmitir a sus hijos las reglas de la buena educación en el mundo virtual. Habida cuenta de que nuestros hijos pasan tanto tiempo comunicándose de forma electrónica como presencialmente, es importante que interioricen cuanto antes las reglas de la buena educación en Internet, también conocidas como «Netetiqueta».

En la siguiente tabla encontrará una síntesis de las reglas más conocidas de la «Netetiqueta», unas reglas que comparten los mismos principios de buena educación y urbanidad del mundo real pero que en el entorno de Internet se formulan de una manera un tanto diferente.

Decálogo básico de la «Netetiqueta»

1. Piensa antes de escribir y relee siempre los mensajes desde el punto de vista de la persona que va a recibirlos. Si llegas a la conclusión de que el mensaje puede resultar ofensivo para su destinatario, probablemente no deberías enviarlo, y mucho menos si se trata de una comunicación pública que pueda ser vista por terceras personas.

2. Para determinar si el contenido de un mensaje es apropiado, piensa si tu abuela aprobaría lo que has escrito o si lo mismo que has escrito se lo dirías al destinatario cara a cara. Ten presente que, como las comunicaciones electrónicas son mucho más despersonalizadas que las conversaciones cara a cara, es frecuente que digas cosas de las que luego puedas arrepentirte.

3. Las comunicaciones electrónicas se prestan a muchos malentendidos. Por lo tanto, esfuérzate en escribir con claridad. Las frases cortas pueden ser malinterpretadas, así que, si quieres gastar una broma o expresar ironía, utiliza los emoticonos (véase más adelante la tabla de emoticonos y sus significados). De la misma manera, si quieres utilizar una expresión coloquial y no demasiado correcta, escríbela siempre entre comillas.

4. No contestes a un mensaje ofensivo, ni te enredes en una pelea por correo electrónico. Si la comunicación tuviera lugar en un chat o por mensajería instantánea, corta la comunicación inmediatamente.

5. Nunca reenvíes o hagas público un mensaje o una fotografía recibida de otra persona sin obtener antes el permiso del que la envió.

6. Respeta la privacidad de los demás cuando envías mensajes colectivos. Envíate siempre el mensaje a ti mismo y pon a los demás en copia ciega; de esa manera respetarás la privacidad de todas las direcciones de correo. Nunca reenvíes mensajes en cadena.

7. Utiliza siempre un asunto para tus mensajes que sea claro y conciso. Si al contestar a un mensaje cambias de tema, asegúrate de cambiar también el nombre del asunto o, mejor todavía, responde con un mensaje nuevo con un nuevo nombre de asunto.

8. No utilices mayúsculas a menos que quieras dar a entender que estás gritando.

9. No abuses de los colores ni utilices el subrayado, pues se puede confundir con un enlace.

10. Por último, firma al final de tu mensaje y, si quieres, incluye alguna información adicional, como tu página web o tu blog.

El alfabetismo digital

Para sacar partido a Internet e interactuar con la tecnología son necesarias habilidades específicas, además de las asociadas al alfabetismo tradicional. Hubo un tiempo (Web 1.0) en el que navegar por la Web consistía en poco más que leer en pantalla y hacer clic en los hipervínculos. En la Web 2.0. todo es más complicado.

Nuestros hijos, como auténticos nativos de Internet, ya disponen de las habilidades precisas para manejarse con destreza en la Red, pero nosotros, los padres, carecemos de estas habilidades y tenemos que esforzarnos continuamente por mantenernos al día.

El denominado *alfabetismo digital* se compone de una serie de habilidades que son tan ajenas a nosotros, los de la generación X, que hasta cuesta explicar en qué consisten. En un par de páginas, mencionaré tan sólo algunas de las apuntadas por Henry Jenkins y su equipo de newmedialiteracies.org.

Pero por el momento basta con que comprenda que la próxima vez que sus hijos le muestren algo en Internet que según ellos es «apasionante» y, sin embargo, cuando usted lo prueba, no lo entiende o, entendiéndolo, le deja completamente indiferente, sepa que la explicación más razonable de lo que ha sucedido radica en que carece de algunas de estas habilidades digitales mencionadas (véase el cuadro de la página 55) y, en consecuencia, es usted incapaz de interactuar válidamente con esa tecnología.

A propósito de lo anterior, muchos padres creen erróneamente que si no pueden disfrutar de las cosas que hacen sus hijos en Internet es porque se trata de actividades propias de niños o de adolescentes. En algunos casos, puede que sea así, pero en otros muchos lo que sucede es que somos incapaces de comprender la naturaleza del juego o de la actividad que están realizando nuestros hijos, algo que seguramente no tiene nada de infantil o liviano.

Cuando nos quedamos mirando el monitor sin comprender nada, ocurre que nos hemos convertido otra vez en niños que aprenden a leer... en el nuevo universo digital.

¿Qué son los emoticonos?

Se trata de un neologismo que surge de la unión de las palabras «emoción» e «icono». Su origen se encuentra en secuencias de caracteres que se asemejaban a un rostro humano y transmitían emoción. Los más populares son:

La sonrisa: -) = ☺
La tristeza: - (= ☹

Posteriormente se han ido añadiendo muchos más y se usan con mucha frecuencia en las comunicaciones electrónicas, sobre todo en mensajes SMS, mensajería instantánea y chats.

Emoticonos para el Messenger

FUENTE: <http://messenger.msn.com/Resource/Emoticons.aspx>.

Las habilidades digitales según el profesor Jenkins

- *La habilidad de simulación*: consiste en la capacidad de interpretar y construir mundos virtuales basados en modelos reales. Si alguna vez ha jugado a la saga de juegos *Sims* o ha entrado en *Second Life*, es probable que entienda de lo que estamos hablando.
- *La habilidad de apropiación*: consiste en la capacidad de mezclar y ensamblar contenido multimedia creando una nueva obra resultante de la combinación de las anteriores. Youtube está repleto de vídeos que son el resultado de la fascinante capacidad de apropiación creativa de los adolescentes de hoy en día.
- *La habilidad de multitarea*: muy frecuente en los jóvenes de la actualidad, ya comentada en una sección anterior de este libro.
- *La habilidad de inteligencia colectiva*: es la facultad de aportar conocimiento a un repositorio común y a la vez beneficiarse del mismo con la finalidad de alcanzar una meta global, por ejemplo, la creación de un videojuego. Cientos de jóvenes contribuyen desinteresadamente a un proyecto, cada uno aportando su conocimiento particular: programación, habilidades artísticas, traducción de textos, prueba de los resultados, etc. Al tiempo que aportan su buen hacer, aprenden y generan nuevo conocimiento.
- *La habilidad de juicio digital*: es la capacidad de discernir la fiabilidad y credibilidad de la información publicada en Internet.
- *La habilidad de negociación*: consiste en la capacidad de interactuar con diferentes ambientes y comunidades, discerniendo las condiciones para formar parte de las

mismas y decidiendo si se va a participar o no. La habilidad de negociación es fundamental, por ejemplo, para
interactuar en las redes sociales.

Otras habilidades catalogadas por el profesor Jenkins
serían: el juego, la interpretación, la cognición distributiva,
la navegación transmediática y las capacidades de *network-
ing* y visualización.

¿Qué es la sindicación RSS?

La forma en que los jóvenes navegan por Internet y consultan sus páginas web y blogs favoritos es bastante diferente de la manera en la que lo hacemos la mayoría de los padres. La mayoría de nosotros usamos los «favoritos» (*bookmarks*) en su navegador de Internet, donde conservamos las direcciones que enlazan con los periódicos digitales, los servicios meteorológicos, las carteleras de cine, etc. que consultamos de vez en cuando.

Nuestros hijos, por el contrario, siguen centenares de sitios y blogs a la vez y tienen un sistema para detectar si ha habido alguna novedad, pues sólo en ese caso visitarán el lugar para informarse. Este sistema se conoce como *la sindicación RSS*, y es algo parecido a cuando nos suscribimos a un periódico o una revista y nos llega un nuevo ejemplar por correo. Cada vez que hay una novedad en un sitio web o en un blog, la sindicación RSS nos manda un mensaje.

Hay dos formas de recibir estas «novedades»: utilizando programas específicos para ello, que se instalan en nuestro ordenador (por ejemplo, FeedDemon para Windows, NetNewsWire para Mac o Liferea para Linux), o mediante aplicaciones web (por ejemplo Bloglines o Google Reader).

Otras formas de controlar el contenido de la web y saber lo que otros están leyendo son los denominados «marcadores sociales», tales como Del.icio.us, Technorati o Digg, sobre los que hablaremos con más detenimiento en otro apartado de este libro.

Internet es útil si se usa con cuidado

Si hay algo en lo que siempre se muestran de acuerdo padres e hijos es en que Internet es una gran ayuda para hacer los deberes. No obstante, como en Internet hay tantas distracciones como recursos educativos, y como uno de los principales problemas que padecen los jóvenes de hoy en día es que se distraen en seguida, hay que andarse con cuidado. Lo de que nuestros hijos se conecten a Internet *mientras* hacen los deberes puede ser muy útil en un momento dado, pero sólo si es para un propósito concreto y por un tiempo limitado, pues de lo contrario la conexión puede acabar con la poca concentración que tenía el estudiante hasta ese momento.

Llámenme anticuado si quieren, pero en mi opinión hay pocas cosas que se puedan comparar al placer que produce visitar una biblioteca pública o leer un «viejo» libro en papel.

Leer en pantalla no es igual que leer en papel

Muchos padres no saben que leer en pantalla es una actividad cerebral diferente de leer en papel y bastante menos productiva. Para empezar, en el papel se lee mucho más rápido (hasta un 25 % más) y las cosas se suelen comprender mejor porque la persona que lee un documento en papel suele estar concentrada en esa única tarea, mientras que la persona que está leyendo en Internet acostumbra a simultanear la lectura con otras tareas, como ya hemos explicado con anterioridad al tratar del síndrome de los «multitareas», además de que el lector digital se distrae continuamente con ventanas que se abren, links que llevan a otros lugares, etc.

Todo esto lo saben muy bien los profesionales que publican en Internet y por eso recomiendan que los textos sean muy cortos, ya que pocos leen textos largos en Internet y nadie permanece mucho tiempo en un mismo lugar. La próxima vez que su hijo esté navegando por Internet, haga la siguiente prueba: sitúese en un lugar donde no pueda verle y observe cómo consulta las cosas en la Web. Le sorprenderá ver que no pasa más allá de unos pocos segundos en cada sitio web y que, en realidad, no está leyendo prácticamente nada, sino más bien echando un vistazo, ojeando quizá las primeras líneas y algún titular y desplazándose rápidamente a otro sitio.

Esto no es lo que uno llamaría «estudio», precisamente. Por esta razón, en mi opinión Internet resulta impagable como un lugar para encontrar información y para realizar un aprendizaje interactivo, pero no parece el mejor espacio para «estudiar» en el sentido tradicional del término.

Lo más recomendable es que nuestros hijos encuentren la información que necesitan en Internet y, a continuación, la impriman para leerla en papel. Soy consciente de que se trata de una recomendación muy poco respetuosa con el medio ambiente o su bolsillo (pues seguramente el presupuesto se resentirá un poco debido a la compra de más cartuchos de tinta para la impresora), pero si de lo que estamos hablando es de hacer los deberes y estudiar, no hay duda de que leer las cosas en papel resulta mucho más productivo que en la pantalla.

Las bibliotecas digitales

El anuncio de Google a finales del año 2004 de que había llegado a acuerdos con algunas de las bibliotecas públicas más importantes de Estados Unidos y del Reino Unido para escanear los libros y publicarlos gratuitamente en Internet (Proyecto Google Books) provocó una auténtica revolución en el mundo editorial que está lejos de haber finalizado.

Son muchas las bibliotecas que quieren escanear y volcar sus repositorios en la Red, pero también muchos los representantes de autores y editores que piden prudencia, temerosos de que la digitalización de los libros pueda desestabilizar un importante sector de la producción cultural, como ocurriera desgraciadamente con autores y discográficas tras la popularización del formato MP3.

Por el momento, la digitalización de las bibliotecas se está centrando mayoritariamente en aquellas obras que,, debido a su antigüedad, ya no se encuentran protegidas por derechos de autor. Además, gracias a un acuerdo entre Google y las asociaciones de autores y editores en Estados Unidos, en un futuro también será posible acceder en la Red a los libros descatalogados, es decir, a aquellos que, a pesar de estar protegidos por derechos de autor, ya no se encuentran a la venta en las librerías.

Además de esta enorme biblioteca digital de Google, que la compañía piensa rentabilizar gracias a la publicidad y a la venta de libros, existen otras bibliotecas digitales que es preciso tener en cuenta por nuestros hijos:

a) Europeana, la biblioteca digital impulsada por la Comisión Europea:

<http://www.europeana.eu/portal>

b) La biblioteca digital mundial, impulsada por la Unesco:

<http://www.worlddigitallibrary.com>

c) The Internet Archive:

<http://www.archive.org/index.php>

d) El Proyecto Gutenberg:

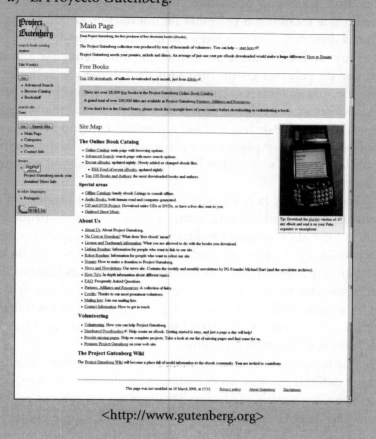

<http://www.gutenberg.org>

El problema del plagio

Otro problema asociado al hecho de hacer los deberes con la ayuda de Internet es el plagio. Se trata de un fenómeno nuevo que no existía en generaciones anteriores, pues a lo máximo que podíamos aspirar los estudiantes de mi generación (años setenta y ochenta) era a reutilizar algún trabajo de un hermano mayor o de un primo (si es que el profesor era tan torpe de repetir los mismos temas año tras año). Además, si queríamos copiar algo, no teníamos más remedio que escribirlo a máquina de nuevo, por lo que no había mucha diferencia con relación a escribir las cosas desde cero.

Hoy en día, sin embargo, el trabajo puede reducirse a poner un par de palabras en un buscador de Internet, seleccionar la porción que nos interesa copiar, hacer un clic con el botón derecho del ratón, seleccionar «copiar», y luego seleccionar «pegar» en un procesador de textos. Es el fenómeno conocido como *cut-and-paste* (cortar-y-pegar), una plaga que va más allá del entorno estudiantil y que se ha extendido a los ámbitos laboral e incluso editorial.

Por supuesto, la relevancia o la gravedad del plagio está en función de la edad del estudiante, ya que con niños pequeños, que al fin y al cabo están familiarizándose con Internet y aprendiendo las reglas básicas del web-alfabetismo, no tiene mucha importancia que copien algunas cosas en sus primeros trabajos. Sin embargo, con adolescentes, el plagio es algo que ni los profesores ni los padres podemos tolerar, porque la finalidad de los trabajos radica precisamente en forzar a los chicos a ordenar sus ideas y a redactar con sus propias palabras.

Por lo tanto, tenemos que recomendar a nuestros hijos que hagan *cut-and-paste* en un documento en blanco si quieren, pero a continuación deben redactar el trabajo escolar con sus propias palabras. Además, se les debe aconsejar también que conserven siempre la fuente, por ejemplo, abriendo un nuevo documento de texto en el que guarden los enlaces de los sitios web desde los que se ha obtenido la información o creando una carpeta especial de favoritos.

La herramienta de traducción de Google

Una de las grandes dificultades con las que se topan nuestros hijos cuando navegan por la Web es que una gran parte de los contenidos no se encuentra en castellano. A menudo, los contenidos más interesantes están en inglés y quedan fuera de su alcance.

Una herramienta indispensable para que nuestros hijos puedan navegar por la Red a sus anchas es la herramienta de traducción de Google, completamente gratuita, gracias a la cual nuestros hijos pueden obtener traducciones de:

a) cualquier texto,

<http://translate.google.com>

b) de un sitio web completo,

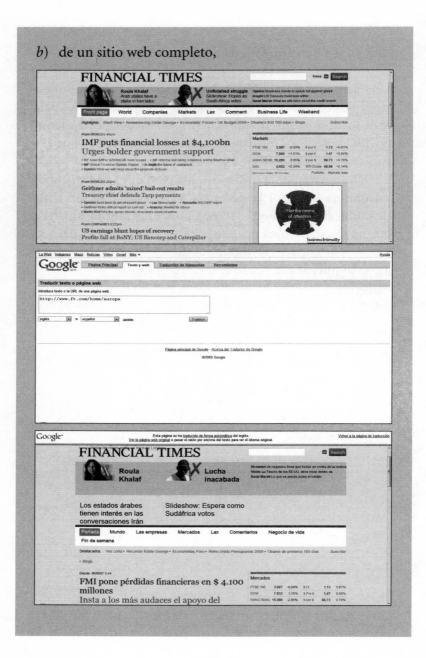

c) o incluso de búsquedas realizadas en sitios web en otros idiomas que Google traduce simultáneamente para nosotros.

Para facilitar las tareas de traducción, se puede instalar la barra de utilidades de Google directamente en el navegador.

¿El fin del plagio?

La tecnología permite hoy en día desenmascarar fácilmente a los que copian.

Las universidades y los centros de enseñanza estadounidenses utilizan aplicaciones informáticas que comparan los trabajos presentados por los estudiantes con el contenido de millones de sitios web y otros trabajos presentados en el pasado, localizando sin dificultad aquellas secciones plagiadas.

La utilización de estos programas está más extendida en países como Estados Unidos, donde la calificación de muchas asignaturas se realiza sobre la base de un trabajo final, y no tanto mediante un examen, como suele ocurrir en el caso de España.

Como respuesta a este férreo control, han surgido centenares de empresas en Internet que ofrecen sus servicios para escribir trabajos y disertaciones para estudiantes ricos (y vagos) y eludir así estos controles antiplagio. El precio de una tesis doctoral de doscientas páginas ronda los quince mil dólares.

Algunas de las aplicaciones más utilizadas para combatir el plagio son:

- <http://mydropbox.com>
- <http://turnitin.com>
- <http://iThenticate.com>

El uso de estos programas antiplagio ha provocado, sin embargo, un intenso debate entre los especialistas en propiedad intelectual y los defensores de la privacidad que está aún lejos de cerrarse.

El problema de la desinformación en Internet

Casi tan alarmante (o más) que el problema del plagio es el de la desinformación. La Red está llena de rumores, falsedades y medias verdades que a veces se presentan con la apariencia de informaciones contrastadas.

Circulan por Internet rumores y falsedades tales como que los experimentos que se están realizando con el acelerador de partículas de Ginebra pueden provocar un agujero negro que absorbería el planeta, o que se pueden cocinar palomitas de maíz con las microondas de los teléfonos móviles, o que más de cuatro mil judíos que trabajaban en las Torres Gemelas el 11 de septiembre del año 2001 no fueron a trabajar fingiendo encontrarse enfermos. Este último rumor, que trataría de demostrar la supuesta implicación de los servicios secretos israelíes en los atentados del 11 de septiembre, habría comenzado en una estación de televisión libanesa controlada por el grupo terrorista Hezbollah...

Internet es una gran herramienta desde la perspectiva de la libertad de expresión, pero tiene como contrapartida que cualquiera puede publicar cualquier estupidez en la Red y aparecer como el número uno del ranking de Google. Resulta fundamental que nuestros hijos comprendan esto y que tengan siempre una actitud crítica hacia la información que aparece publicada en Internet.

¿Cómo saber si la información publicada en Internet es fiable?

a) Hay una gran diferencia entre la información publicada en libros y la publicada en Internet. Por supuesto, no todo lo que se dice en los libros de texto es exacto, pero por lo menos los manuales suelen pasar por el control y el escrutinio del editor.

b) Para determinar si un sitio web es o no creíble no hay que fijarse en su apariencia, sino en:

  • *Quién lo dice* (por ejemplo, los lugares pertenecientes a administraciones públicas y universidades son más creíbles).
  • *Qué se dice* (diferenciando si se trata de hechos u opiniones).
  • *Por qué se dice lo que se dice* (si se trata de un sitio

> web objetivo o por el contrario pertenece a alguna
> clase de asociación con fines propagandísticos).
>
> • *Desde dónde hemos llegado a ese sitio* (si hemos al-
> canzado ese sitio procedentes de un sitio creíble, las
> posibilidades de que el segundo sitio sea también
> creíble son mucho mayores).

El fenómeno Wikipedia

Wikipedia es uno de esos milagros que ha producido Internet y
que hubieran resultado impensables hace sólo quince años.

Imagine usted por un momento que está de vuelta en el
año 1994 y que alguien le encarga que prepare la enciclopedia más
completa del mundo. Internet no está a la vista. ¿Qué hubiera
hecho? Con toda probabilidad, hubiera presupuestado millones
de euros (cientos de millones de pesetas por aquel entonces) para
comprar los derechos de otros libros y enciclopedias y para con-

tratar a los mejores especialistas (centenares de ellos), a los que hubiese puesto a trabajar en su enciclopedia durante años.

No importa cuáles hubieran sido sus esfuerzos o los de su equipo, el resultado de su trabajo nunca hubiese sido ni tan completo ni tan satisfactorio como la Wikipedia, además de que su enciclopedia se hubiera quedado anticuada casi en seguida. En otras palabras, si en 1994 alguien le hubiera dicho que pidiéndole a la gente que colaborase en su enciclopedia sin cobrar, y que sin pagar un céntimo en derechos de autor, usted conseguiría una de las enciclopedias más completas del mundo, habría tomado a esa persona por loca. En efecto, Wikipedia es poco menos que un milagro.

A pesar de que sólo cuenta con diez empleados, el acceso a Wikipedia está más extendido que a cualquier otra aplicación de Internet (eBay, servicios para buscar pareja o portales de información incluidos). Según el informe Nielsen, sólo en el mes de junio de 2007 Wikipedia tuvo 425.000 usuarios españoles (frente a los 179.000 del Rincón del Vago, un sitio web del que hablaremos a continuación).

¿Cómo se explica esta enorme popularidad? Los especialistas apuntan a dos razones fundamentales. En primer lugar, porque Wikipedia cuenta con muchas entradas, mucha información, gracias a la colaboración desinteresada de miles de personas. En segundo lugar, porque aparece mucho en Google y está muy bien posicionada en el *page rank* del buscador de Internet.

Microsoft no pudo con la Wikipedia

A finales de marzo de 2009, el gigante informático Microsoft anunció que a partir de junio dejaría de vender sus enciclopedias Encarta (en CD y DVD), y que a finales de octubre cerraría también la enciclopedia en Internet.

Se trata del final de una larga batalla entre Microsoft y Wikipedia. En enero de 2009, Wikipedia acaparaba el 97% de las búsquedas enciclopédicas, mientras que Encarta obtenía sólo un 1,7%, por lo que a Microsoft no le ha quedado más remedio que reconocer su derrota, aunque sin mencionar directamente a su competidor:

> *Encarta ha sido un producto popular por todo el mundo durante años. Sin embargo, la categoría de enciclopedias tradicionales y el material de referencia han cambiado. Hoy en día la gente busca y consume la información de formas diferentes a como lo hacía en el pasado. Como parte del objetivo de Microsoft es ofrecer los recursos más atractivos al usuario actual, ha tenido que tomar la decisión de salir del negocio de Encarta.*

El final de Encarta se veía venir porque era incapaz de competir con un producto gratuito y que, además, se nutría de la aportación continua de millones de personas. Encarta trató de emular a Wikipedia, permitiendo que los usuarios añadieran también sus propios artículos, pero el experimento no funcionó porque la gente tenía la impresión de estar realizando un trabajo en beneficio de Microsoft.

Mathias Schindler, uno de los empleados de Wikipedia en Alemania, ya ha enviado un correo electrónico a Microsoft solicitando que done a Wikipedia el material de Encarta que ya no piensa utilizar.

¿Qué es el *page rank* de Google?

Page rank es un algoritmo desarrollado por los fundadores de Google (Larry Page –de ahí el nombre– y Sergey Brin) y patentado por la Universidad de Stanford (que lo ha cedido en exclusiva a Google por la nada despreciable cantidad de 336 millones de dólares).

Este algoritmo permite a Google determinar la relevancia de los websites en relación con los términos de búsqueda introducidos en el buscador, es decir, determinar qué sitios serán los que aparecerán en primer lugar de la lista y, en consecuencia, tendrán más posibilidades de ser visitados por los cibernautas.

El *page rank* tiene en cuenta diversos factores, pero a efectos prácticos lo más significativo es el número de enlaces que llevan a esa página desde otras páginas, y la importancia respectiva de las páginas que enlazan con ese sitio. Esto explica que la entrada correspondiente de la Wikipedia casi siempre aparezca entre las primeras del buscador, porque en el interior de Wikipedia hay centenares de miles de enlaces, y a la vez existen centenares de miles de páginas web que enlazan con Wikipedia.

Otras fuentes de información en la Red

Wikipedia es sólo uno de los innumerables recursos que tienen los jóvenes para localizar información y aprender en Internet. Se podrían escribir (y de hecho se han escrito) muchos libros únicamente sobre este asunto, por lo que nos limitaremos a reproducir aquí algunos ejemplos meramente orientativos.

Los recursos disponibles en la Red van desde los más tradicionales, como la *Enciclopedia Británica*,

<http://www.britannica.com>

a otros más novedosos, como Yahoo respuestas (la imagen inferior recoge la respuesta a la pregunta: ¿quién inventó las tijeras?) o el sitio en inglés Howstuffworks (cómo funcionan las cosas), que se explica por sí mismo (véase la imagen superior de la página siguiente) o Videojug (la vida contada en película), que puede explicar cosas tan curiosas como la manera en que se pone un condón (véase la imagen inferior de la página siguiente).

<http://es.answers.yahoo.com>

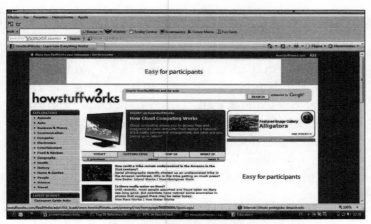

<http://www.howstuffworks.com>

<http://www.videojug.com>

U otros sitios similares, por ejemplo, <http://www.sutree.com>, <http://www.ehow.com>, <http://www.5min.com>, <http://www.howcast.com>, en los que se puede aprender toda clase de cosas, mediante pequeños vídeos o completos cursos *on line*, ya sea a tocar un instrumento, a cocinar como tu abuela o a elegir las flores para un funeral.

El fenómeno Rincón del Vago

En 1998, dos estudiantes salmantinos crearon un portal en el que los estudiantes podían ceder gratuitamente sus apuntes y trabajos escolares y universitarios para que los utilizaran sus compañeros. Once años más tarde, el portal ha recibido más de ochocientos millones de visitas y es uno de los sitios más visitados de España (se encuentra entre los treinta primeros) e incluso del mundo (entre los trescientos primeros).

En este portal se puede encontrar de todo: apuntes, trabajos, prácticas, exámenes...

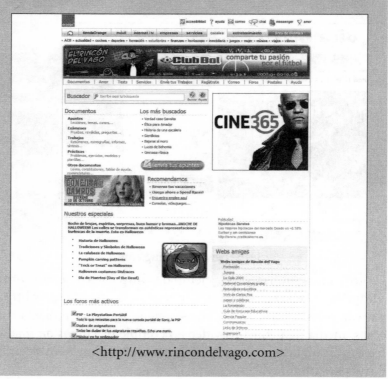

<http://www.rincondelvago.com>

En definitiva, más de setenta mil documentos en ocho lenguas y más de trescientas mil páginas de acceso gratuito e instantáneo.

Atención: el portal no realiza ningún filtro editorial y, por lo tanto, queda al juicio de cada cual determinar la fiabilidad de los materiales.

Otro portal similar surgido más recientemente y que presenta los materiales ordenados por provincias, universidades y facultades es <http:patatabrava.com>.

<http://patatabrava.com>

Dos profesores de instituto con mucho mérito

Los profesores de enseñanza secundaria Jorge Lozano y Guillermo Méndez, del Instituto Juan de la Cierva de Vélez-Málaga (Málaga), llevan años trabajando en un portal de Internet en el que han volcado centenares de documen-

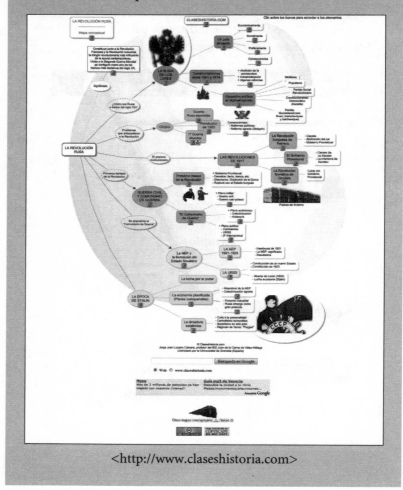

<http://www.claseshistoria.com>

tos (éstos sí, con filtro editorial y académico) para beneficio de alumnos y compañeros de profesión.

Claseshistoria.com recibe decenas de miles de visitas al mes.

Se trata de un portal muy bien construido y con varias secciones, a cuál mejor:

a) *Mapas conceptuales*, con los que es posible preparar y memorizar los temas de historia de bachillerato de una manera gráfica (en la imagen de la página anterior se muestra el correspondiente a la Revolución rusa).

b) *Los ejercicios*, con los que se pueden repasar los conocimientos adquiridos de forma entretenida (en la imagen aparece un emparejador de conceptos del período de entreguerras).

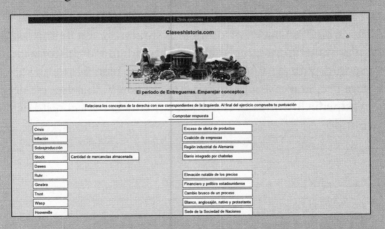

c) O la impresionante colección de *presentaciones Power-Point sobre Historia del Arte de Guillermo Méndez Zapata* (en la imagen, la *slide* correspondiente a *Los Fusilamientos de la Moncloa*, de Francisco de Goya).

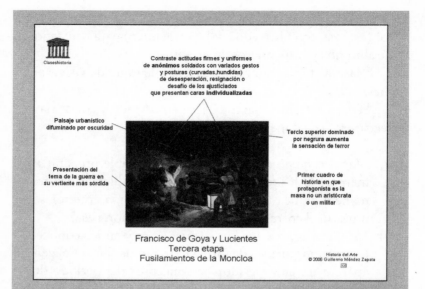

Clateshistoria

Contraste actitudes firmes y uniformes
de **anónimos** soldados con variados gestos
y posturas (curvadas,hundidas)
de desesperación, resignación o
desafío de los ajusticiados
que presentan caras **individualizadas**

Paisaje urbanístico
difuminado por oscuridad

Tercio superior dominado
por negrura aumenta
la sensación de terror

Presentación del
tema de la guerra en
su vertiente más sórdida

Primer cuadro de
historia en que
protagonista es la
masa no un aristócrata
o un militar

Francisco de Goya y Lucientes
Tercera etapa
Fusilamientos de la Moncloa

Historia del Arte
© 2006 Guillermo Méndez Zapata

También se pueden estudiar textos históricos, fragmentos de cine, enlaces a otros lugares similares... En definitiva, un portal gratuito gracias al cual el estudiante de historia en español goza de una ayuda fidedigna y bien estructurada para preparar la asignatura, o si lo prefieren, una especie de Wikipedia histórica hecha desde Andalucía para el resto del mundo.

LAS REDES SOCIALES

La red social como fenómeno típicamente adolescente

Si usted no sabe muy bien qué es eso de las redes sociales, no se avergüence, porque muchos padres se encuentran en la misma situación. Sin embargo, prácticamente todos los adolescentes (y muchos preadolescentes también) están dados de alta en alguna red social.

La primera y más importante de las redes sociales se llama MySpace. Se fundó el año 2003 en Estados Unidos y dos años más tarde la compró la multinacional News Corp por 580 millones de dólares. Otras igualmente famosas son su competidora, Facebook (que empezó como una red social de los universitarios estadounidenses y se ha ido extendiendo progresivamente al resto de la población), y la española Tuenti.

Hay muchas redes sociales y cada una tiene sus propias características, aunque por regla general todas comparten la misma filosofía. Se trata de lugares en Internet donde la gente publica un perfil (una especie de página web personalizada) sobre ella misma y en el que incluyen información personal. Algunos perfiles pueden ser muy sofisticados e incluir mucha información personal: nombre, edad, aficiones, amistades, y otros elementos tales como fotografías, vídeos, canciones favoritas, etc.

Normalmente el correo electrónico no aparece en el perfil,

aunque se pueden mandar mensajes al usuario de la red social que éste recibirá en un buzón especial, en el buzón de correo electrónico que haya indicado o en ambos buzones a la vez.

Página principal de la red social europea Badoo

Como su propio nombre indica, las redes sociales sirven para socializar, ya sea por interés (hacer contactos profesionales, por ejemplo; véase la red LinkedIn) o por pura amistad, como es el caso de los adolescentes, cuyo objetivo principal es hacer amigos, cuantos más, mejor. Cuando el joven localiza a algún conocido en la misma red social, por ejemplo a un compañero del instituto, le envía una solicitud de amistad. Si la otra persona acepta, ambos se consideran ya amigos y comparten acceso (más o menos amplio) a los amigos comunes, lo que permite reconocer a nuevos conocidos a los que enviar mensajes y así sucesivamente.

Un adolescente normal tiene decenas, centenares de «amigos» en MySpace, Facebook o Tuenti, aunque en realidad no se trata de verdaderos amigos, sino más bien de conocidos, y muchas veces ni siquiera eso, pues puede tratarse de personas desconocidas que en un momento dado han enviado una solicitud de amistad que él aceptó.

Trataremos el tema de la «amistad» en las redes sociales un poco más adelante, pero, antes de continuar buceando en el funcionamiento y el contenido de las redes sociales, permítame una pequeña digresión sobre el tema de la adolescencia, pues adolescencia y redes sociales están estrechamente unidas.

Poca gente sabe que la adolescencia es un fenómeno histórico relativamente moderno. Hace doscientos años no existía: el niño era niño hasta que se hacía mayor, momento en el que se emparejaba y empezaba su propia vida, a menudo tras un rito de iniciación a la edad adulta. La adolescencia surge en el momento en que a personas que ya eran demasiado mayores para ser tratadas como niños se les consideró incapacitadas transitoriamente para salir a la vida adulta.

Desde siempre, los adolescentes se han reunido en lugares en los que matan el tiempo, hacen amistades, experimentan, etc. Se trata de algo absolutamente normal que marca la transición de la edad infantil a la adulta.

En la época de mi madre, en los años más duros de la posguerra y el franquismo en España, el lugar de reunión era la céntrica calle Larios, de Málaga, que los adolescentes paseaban de arriba para abajo incansablemente, los chicos por una acera y las chicas por la otra. En mis tiempos, el lugar de reunión eran las salas de recreativos y las discotecas en horario de tarde. Hoy en día, los jóvenes tienen su agenda mucho más ocupada: las actividades extraescolares, las clases de inglés, el entrenamiento de baloncesto... con lo que disponen de mucho menos tiempo para estar «haciendo el pavo» por ahí. No obstante, la necesidad de reunirse y hacer amigos sigue existiendo, y para cubrir esa necesidad surgen las redes sociales: la calle Larios cibernética o los recreativos virtuales, para entendernos.

Estudios publicados recientemente ponen de manifiesto que más del 90 % de los jóvenes usa las redes sociales para estar en contacto con amigos a los que ven a menudo o para permanecer en contacto con amigos que ven raramente. También las utilizan en menor medida para planear eventos (lo que ha originado concentraciones multitudinarias de jóvenes que de otra manera serían impensables), para hacer nuevos amigos o para flirtear. Casi la mitad de los jóvenes visita las redes sociales al menos una vez al día. Las chicas las utilizan más que los chicos. Ellas, para reforzar previos contactos y amistades, y ellos, para lo mismo y para ligar.

La adolescencia es un tiempo durante el cual la persona, el adolescente, busca su identidad (quién soy yo y en qué voy a convertirme) y experimenta mostrándose de distintas maneras frente a los demás. Esto explica las vestimentas extrañas (cuando no extravagantes) de muchos adolescentes o los pósters que cuelgan en las paredes de sus habitaciones, o la música estridente que dicen apreciar, pero que en realidad tiene como misión fundamental diferenciarse de la clase de música que gusta a sus padres. Con su comportamiento, en definitiva, los adolescentes tratan de llamar la atención porque están buscando *feedback*, respuestas de los demás para definir su personalidad y su lugar en el mundo.

Así pues, el perfil de nuestros hijos en una red social es como su habitación. El adolescente no puede cambiar de ropa tres veces al día, pero sí puede cambiar su perfil en MySpace tres veces al día a golpe de clic. Sin gastar dinero puede llenar «su propio espacio» (de ahí el nombre en inglés) con sus vídeos musicales favoritos, las fotos con sus amigos, sus cantantes predilectos... todo aquello con lo que se identifica en ese momento. Esta búsqueda de la identidad personal explica por qué las redes sociales están literalmente invadidas de concursos (*quiz*) banales (reclamos publicitarios en realidad) en los que se trata de averiguar si eres sexy, o cuál es «tu chico ideal».

Finalizada esta pequeña digresión sobre el tema de la adolescencia, pasemos a mostrar lo que hacen nuestros hijos en las redes sociales. Además de trabajar incansablemente en completar y cambiar su propio perfil, se mandan mensajes unos a otros, ya sea de manera privada (como un correo electrónico) o pública, en cuyo caso el mensaje se publica en el «muro», una sección del perfil que todo el mundo puede leer; escriben comentarios sobre fotografías o a propósito de otros comentarios; pasan el rato con infinidad de aplicaciones y jueguecitos; ven vídeos publicados por la red social (en las capturas de pantalla recogidas más adelante aparece la página de «Beyond the Rave», una serie de terror estrenada en MySpace); escuchan música (véase más adelante la captura de pantalla de MySpace Music, donde se pueden escuchar gratuitamente algunos temas de la cantante Katy Perry); en definitiva, nuestros hijos no hacen nada muy diferente de lo que haría un grupo de adolescentes reunidos en una habitación.

La mayor parte de las redes sociales también ofrecen la oportunidad de participar en discusiones en distintos foros. Algunos son inocuos e incluso interesantes, como el de MySpace para es-

critores (véase la imagen abajo), pero otros tienen por objetivo dar rienda suelta a las bajas pasiones (véase la captura de pantalla del foro «Sexo sin rodeos»), mientras que otros dan salida a otro tipo de pasiones (véase la página del grupo creado por seguidores del Fútbol Club Barcelona).

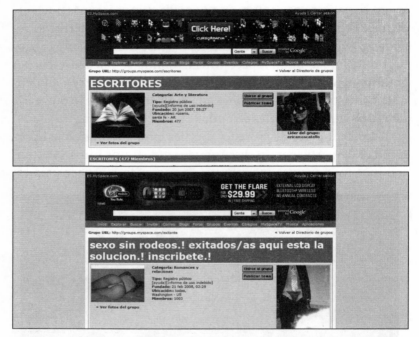

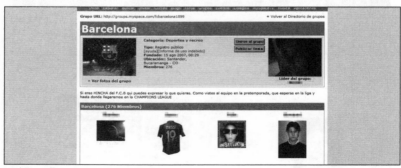

¿Puedo mirar el perfil de mi hijo o de mi hija en una red social?

Rotundamente, sí. El perfil de su hijo o de su hija es información que él o ella han hecho pública en Internet y, por tanto, el que usted lea su perfil no supone ninguna violación de su intimidad.

Antes de echarse las manos a la cabeza con lo que ve, tenga presente que la imagen que proyectan muchos amigos de su hijo (y posiblemente su hijo también) no se corresponde con la realidad. Se estima que la mitad de los chicos mienten en sus perfiles, ya sea sobre su edad o incluso sobre sus propias orientaciones sexuales. Si detecta algo muy extraño, actúe discretamente para apartar a su hijo de una mala influencia, de la misma manera que lo haría con otras amistades más convencionales.

Algunos muchachos llevan mal que sus padres entren en las redes sociales «a husmear» (aunque cada vez son más los progenitores que se dan de alta), así que también cabe la posibilidad de que «anuncie» su visita para que sus hijos tengan tiempo de «recoger su habitación virtual».

Si su hijo se muestra reacio a que visite su perfil, ésa podría ser una buena oportunidad para discutir con él la falsa apariencia de intimidad que proyectan las redes sociales, pues eso que él no quiere que usted vea lo puede observar, de hecho, cualquier persona extraña y con propósitos mucho menos loables que los suyos. Aproveche para recordarle también que resulta muy difícil borrar la información una vez publicada en Internet y que, según un estudio de la agencia Execunet, el 75 % de los empleadores consultó en Internet sobre sus futuros empleados y descartó a un 25 % por lo que vieron en la Red sobre ellos.

La «amistad» en las redes sociales

Como ya hemos comentado, la mayoría de los usuarios adolescentes de las redes sociales tiene muchos amigos, más de ciento cincuenta normalmente, de los cuales sólo son amigos cercanos menos de cuarenta.

Hay usuarios que son más selectivos a la hora de aceptar amigos, pero otros admiten y mandan solicitudes de amistad a todo el mundo, con la consecuencia de que acaban con una lista de amigos interminable y prácticamente inservible. Esta actitud tan «amistosa» no es muy inteligente, pues se pierde mucho tiempo correspondiendo a mensajes y siguiendo a estas «amistades», hasta el punto de que a más de uno no le ha quedado más remedio que darse de baja de la red social «porque ya no podía más».

De estudiar el comportamiento de los jóvenes en las redes sociales se obtienen dos conclusiones fundamentales: en primer lugar, que la naturaleza de la amistad cibernética es diferente de la amistad presencial y, en segundo lugar, que la amistad virtual tiene muchos grados. No es lo mismo el muchacho de Jaén con el que su hijo juega de vez en cuando a un videojuego en línea, que el amigo de la pandilla veraniega con el que chatea durante largas horas y con el que comparte los problemas con sus padres. A menudo, los padres yerran al considerar todas estas amistades cibernéticas como superficiales, porque algunas de ellas se consideran muy «íntimas» por parte de los adolescentes.

Si su hijo es de los que tienen centenares de amigos en las redes sociales, no se alarme demasiado. Estudios recientes demuestran que en realidad los usuarios de redes sociales poseen los mismos «amigos del alma» que los que no las usan. Las redes sociales son una especie de entrenamiento para la vida adulta, que no es otra cosa que un juego sofisticado de contactos y conexiones. En consecuencia, parece que las redes sociales pueden ser hasta cierto punto educativas, aunque si se abusa de ellas pueden convertirse en un auténtico agujero negro que consume todo el tiempo libre de nuestros hijos (como sin duda los recreativos y las máquinas de marcianitos hicieron perder el tiempo a los de la generación X).

Trataremos el tema de la adicción a Internet más adelante, pero baste decir por el momento que se considera que un adolescente podría estar en riesgo de sufrir un problema de adicción a la Red cuando se encuentra conectado más de dos horas al día, o existe una privación del sueño (duerme menos de cinco horas), o prefiere esta actividad a cualquier otro tipo de relaciones sociales.

Las redes sociales de los más pequeños

Fueron mis hijos los que me llamaron la atención sobre estas redes sociales para los más pequeños. En el primer caso, se trata de un portal (un universo web llamado Neopia) poblado de mascotas virtuales.

El acceso a Neopets es gratuito, aunque existe una versión de pago por ocho dólares mensuales que presenta algunas ventajas. Se trata de una enorme plataforma publicitaria que Viacom compró en el año 2005 por 160 millones de dólares.

En Neopia, los niños pueden tener hasta cuatro mascotas virtuales a las que personalizan, alimentan, compran cosas (con una moneda virtual llamada Neopoints, puntos que obtienen jugando a diferentes juegos) y a las que lanzan al combate contra las mascotas de otros jugadores.

Club Penguin, por su parte, tiene detrás de sí a la factoría Disney, que ha puesto un gran cuidado en proteger la intimidad de los pequeños para mantenerlos a salvo de depredadores sexuales.

Por último, Habbo Hotel es una exitosa red social de origen finlandés orientada a preadolescentes (en una de las imágenes que aparecen más adelante puede verse la página del Grupo Málaga de Habbo).

<http://www.neopets.com>

<http://www.clubpenguin.com>

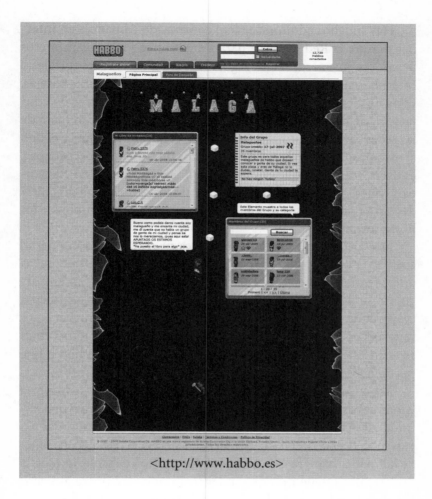

<http://www.habbo.es>

Ligar en las redes sociales

Los adultos acuden a lugares de Internet como Match.com y Eharmony.com para encontrar pareja. Los jóvenes no usan las redes sociales para emparejarse; más bien se aprovechan de ellas durante el proceso de emparejamiento.

Hay muchos adultos que han comenzado romances en Internet porque la Red les sirve para desinhibirse y dar los primeros pasos. Los jóvenes, sin embargo, no creen que las redes sociales o Internet sean el lugar idóneo para conocer a sus futuras parejas. Ellos no tienen tanto problema para conocerse y entrar en contacto y, de hecho, en la mayoría de los casos se conocen fuera de las redes sociales y utilizan éstas para flirtear y aproximarse el uno al otro progresivamente. Los «flechazos puramente cibernéticos», es decir, romances que empiezan en línea y terminan en encuentros reales, ocurren más a menudo entre los jóvenes con dificultades para relacionarse entre sí, como es el caso, por ejemplo, de los homosexuales.

Esto del ligue en las redes sociales provoca cierta inquietud entre los padres, como es lógico, sobre todo porque los depredadores sexuales las emplean para cazar a sus víctimas. Sin embargo, no se debe exagerar la naturaleza del peligro. En la inmensa mayoría de los casos, los contactos se realizan con muchachos y muchachas completamente normales, y no existe ninguna diferencia respecto a cualquier otro amigo o ligue que su hijo o hija pueda haber hecho en la discoteca o a la puerta del instituto.

Los estudios realizados con jóvenes revelan que la mayoría jamás entabla una conversación electrónica o pasa a mayores intimidades con personas que no conocen de la vida real o que no pertenecen a su círculo de amigos. Si usted ve u oye algo extraño, de la misma manera que haría con los amigos del colegio o de la discoteca, no tiene más que indagar un poco sobre ese amigo o esa amiga de Internet (de dónde es, quiénes son sus padres, etc.) y, llegado el caso, intervenir discretamente, como han hecho siempre los padres en caso necesario.

¿Tuenti o Facebook?

Tuenti es la red social española por excelencia, con tantos usuarios en España como su competidora directa: la norteamericana Facebook. La vocación de Tuenti es local, mientras que la de Facebook resulta universal; los adolescentes españoles (y los preadolescentes también) han adoptado Tuenti de forma masiva.

Hay algunas diferencias entre ambas redes sociales. Facebook hace públicos sus usuarios en Google (no el perfil completo, pero sí alguna información y las fotos de los amigos), mientras que Tuenti no. Por el contrario, la red social española tiene una política más permisiva que la norteamericana para poder ver los perfiles de los amigos de tus amigos. Por otra parte, mientras que en Facebook se puede inscribir cualquiera, en Tuenti sólo puede hacerse median-

<http://www.tuenti.com>

<http://www.facebook.com>

te la invitación de otro miembro (lo que no es muy difícil de conseguir).

En definitiva, el punto fuerte de Tuenti radica en su carácter local (español), mientras que el de Facebook es su dimensión netamente global, así como los centenares de aplicaciones interesantes que pueden instalarse para hacer la experiencia de la red social más cooperativa (utilidades, juegos, mensajería, contactos, etc.).

En las imágenes anteriores pueden verse el perfil en Tuenti de mi amigo (virtual y real) Andy Ramos, un joven y brillante abogado especializado en temas de propiedad intelectual y protección de datos, también bloguero y uno de los primeros podcasteros españoles, y mi propio perfil en Facebook.

Para la comunidad latinoamericana, véanse las redes MSN Spaces, Hi5, Sonico u Okrut.

Facebook, Myspace y otras redes sociales se comprometen con la Comisión Europea a proteger mejor a los menores

En febrero de 2009, más de quince redes sociales firmaron un acuerdo con la Comisión Europea para limitar riesgos, tales como:

a) *Contenido ilegal* (por ejemplo, pornografía infantil o apología del racismo o del terrorismo).
b) *Contenido inapropiado* (por ejemplo, contenido sexual o violento).
c) *Contactos de naturaleza sexual* (depredadores sexuales o solicitudes sexuales de otros usuarios jóvenes).
d) *Comportamientos inapropiados* (mentir sobre la verdadera edad, ciberacoso, divulgación de datos personales o publicación de fotografías en poses sexuales o provocativas).

Las redes sociales firmantes se comprometieron a instalar en sus sitios, bien visibles, botones para informar de abusos, así como para poder elegir entre los diferentes grados de protección de la vida privada. También se decidió que los perfiles de los menores se convertirían automáticamente en «privados» y sólo podrán acceder a ellos los amigos del menor en cuestión.

De manera similar, en abril del mismo año, Tuenti se ha comprometido con la Agencia Española de Protección de Datos a adoptar medidas que impidan el acceso a la red social de los menores de catorce años y a mejorar la información proporcionada a los usuarios acerca de sus políticas de privacidad.

LOS JUEGOS EN INTERNET

Un negocio en alza

No sólo son los niños y los adolescentes los que juegan con los videojuegos. Según la Entertainment Software Association, el jugador medio tiene treinta y cinco años y el comprador medio, cuarenta. Pero los jóvenes se toman muy en serio lo de jugar por Internet. Se suele decir que jugar es para los niños lo que el mundo de los negocios para los adultos.

Se calcula que la mitad de los adolescentes juega a videojuegos en línea y casi dos de cada tres juegan a la Playstation, a la Wii o a la Xbox. Contrariamente a la creencia popular, los niños que juegan más al ordenador interactúan también más en el mundo real con sus amigos, es decir, que jugar mucho con el ordenador no es indicativo de un comportamiento asocial (aunque, como veremos un poco más adelante, puede plantear problemas de adicción).

Muchos padres no son conscientes de que los videojuegos van más allá de una novedosa forma de entretenimiento y constituyen una nueva manera de contar y crear historias con la participación activa del jugador. En realidad, los juegos del siglo xxi combinan a la vez entretenimiento y creatividad, pues el jugador no sólo se enfrenta con los retos propios del videojuego, sino que además crea un universo a su medida. El juego *Spore*, diseñado por Will

Wright, el padre de la saga de los *Sims*, es un buen ejemplo: el jugador comienza como una entidad unicelular y, según sus decisiones, la criatura va desarrollándose y evolucionando como una entidad social e inteligente hasta lanzarse incluso a la conquista espacial.

Como se desprende de algunos estudios publicados recientemente, los videojuegos habrían adquirido una cierta mala fama que no se corresponde con la realidad. Por ejemplo (salvando casos extremos de adicción sobre los que nos detendremos al final de este capítulo), no hay evidencia de que jugar a los videojuegos

Advergames

La afición a los videojuegos no podía pasar desapercibida a los anunciantes. Los videojuegos pueden ser un buen reclamo publicitario. El propio Barak Obama, cuando todavía era candidato presidencial, compró publicidad en las vallas publicitarias virtuales del juego *on line* de carreras de vehículos *Burnout Paradise*.

Una de las primeras compañías en experimentar con este fenómeno, que se ha venido en denominar *advergaming* (mezcla de *advertising* y *gaming*), fue la cadena de hamburgueserías estadounidense Burger King. A finales del año 2006 puso a la venta juegos publicitarios para la Xbox por sólo cuatro dólares suplementarios al precio de la consumición. ¿El resultado? La compañía vendió más de tres millones de ejemplares del juego *Sneak King* en Estados Unidos.

Un par de ejemplos más recientes son el *BMW M3 Challenge* (un juego para Windows de 345 Mb que se descarga gratuitamente) o el *Intel Manager Game*, un juego flash que simula el competitivo mundo de las empresas de tecnología.

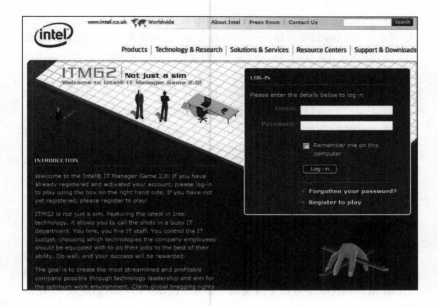

convierta a nuestros hijos en malos estudiantes, ni tampoco que ello signifique que sacrifican sus relaciones sociales y de amistad por jugar. Es más, parece que jugar a los videojuegos incluso fomenta ciertas habilidades digitales en nuestros hijos (véase a este respecto el apartado dedicado al alfabetismo digital) y, desde luego, muchos juegos fomentan la concentración y el esfuerzo, pues nuestros hijos tienen que trabajar duro (a veces durante días) para ver aparecer en pantalla el mensaje: «¡Victoria!».

A menudo, la prensa se enzarza en un debate interminable (y exagerado) sobre si los videojuegos violentos incitan a nuestros hijos a la violencia. Efectivamente, existe demasiada violencia en los videojuegos (como la hay también en la televisión y en el cine), pero los especialistas discrepan sobre si la violencia virtual degenera en violencia real. Lo que sí está demostrado es que los niños acostumbrados a ver violencia la aceptan como algo más normal (algo similar a lo que comentábamos en otra sección anterior sobre las prácticas sexuales y la «pornización» de la sociedad), pero de ahí a que un chico la emprenda a tiros con sus compañeros de instituto porque ha estado jugando a un videojuego violento hay un gran trecho.

Se podrían escribir muchos libros sobre el fenómeno de los videojuegos y sus implicaciones sociales; se trata de un tema verdaderamente interesante, pero, para ajustarnos al propósito de esta obra, vamos a centrarnos exclusivamente en los juegos en línea, de tal forma que pueda usted entender a qué juega su hijo en Internet y por qué le gusta tanto entretenerse con estos videojuegos.

Hay que empezar por recordar que, al igual que no todos los juegos son para el ordenador (muchos se ejecutan en videoconsolas, como la PlayStation, la Wii, la Xbox –algunas de ellas con la posibilidad de conectarse a la Red– o en videoconsolas portátiles, como la Nintendo o la PSP), tampoco todos los juegos son en línea ni requieren estar conectados a Internet.

Los juegos en línea más sencillos y posiblemente los más utilizados por los niños más pequeños (y también por los adultos para matar el tiempo) son los denominados juegos «flash», es decir, juegos que no necesitan instalarse en el ordenador y que se ejecutan en línea gracias a un *plug-in* del navegador de Internet, como Flash o Java. A propósito de los juegos flash, se calcula que la cuarta parte de los trabajadores con acceso a Internet juegan con ellos durante la pausa de la comida o mientras hablan por teléfono.

El fenómeno Minijuegos

Mi hija de diez años ha elegido este portal de videojuegos flash madrileño como la página de inicio de su navegador, y sospecho que éste será también el caso de muchos otros miles de niños españoles y latinoamericanos.

Para que se hagan una idea de la popularidad de este portal, Minijuegos ocupa un puesto muy destacado en el ranking de los sitios más visitados en España: el número 35, justo por debajo del sitio de fotografías Flickr e inmediatamente por encima del periódico digital 20 *minutos*.

<http://www.minijuegos.com>

Categorías de juegos *on line*

Además de los juegos «flash», existen otros mucho más sofisticados que se pueden jugar en línea y que suelen llevar aparejadas comunidades en línea de jugadores aficionados.

Los más populares son los *shooters* en primera persona (*FPS: First Person Shooter*, en inglés) del estilo de *Doom, Half-Life* o *Battlefield 1942*, en los que la Red se utiliza para generar batallas entre jugadores «reales», algo que resulta más interesante que jugar contra la inteligencia artificial del ordenador.

Otra categoría de juegos muy popular es la de los juegos de estrategia en tiempo real (*RTS*: *Real Time Strategy*, en inglés), del estilo de *Edge of Empires*, *Command and Conquer* o, más recientemente, *Company of Heroes* o *Warhammer 40.000*.

Los reyes de los juegos en línea, sin embargo, a mucha distancia de los anteriores, son los denominados *MMO*: los juegos masivos multijugador en línea (*Massive Multiplayer Online Games*, en inglés), de los cuales, a su vez, existen diferentes variantes:

MMORPG: *Massive Multiplayer Online Role Play Game*: juegos de rol.
Ejemplos: *World of Warcraft* o *Guild Wars*.
MMORTS: *Massive Multiplayer Online Real Strategy Game*: juegos de estrategia.
Ejemplos: *Saga* o *Dreamlords*.
MMOFPS: *Massive Multiplayer Online First Person Shooter*: shooters.
Ejemplos: *WorldWar II Online* o *Huxley*.
MMOSG: *Massive Multiplayer Online Social Game*: juegos sociales.
Ejemplos: *The Sims Online* o *Club Penguin*.

El mercado de los videojuegos ha experimentado un *boom* en los últimos años y cada semana salen en la Red nuevos juegos *on line* que compiten por atraer la atención de niños y adolescentes en función de sus intereses y sus edades.

En el sitio Virtual Worlds Management se puede consultar una lista de más de doscientos mundos virtuales, clasificados por edad, país de lanzamiento, si son de pago o gratuitos, etc. La dirección es <http://www.virtualworldsmanagement.com>.

El último de estos juegos que ha llamado la atención de mi hijo, descubierto gracias a sus conversaciones de recreo, ha sido *Travian*, un *MMORTS*, es decir, un juego de estrategia *on line* multijugador masivo (véase la imagen en página 104).

World of Warcraft

World of Warcraft es el rey de los *MMORPG* (*Massive Multiplayer Online Role Play Games*), con más de diez millones de usuarios que, además de comprar el juego en las tiendas en primer lugar, pagan una cuota mensual de quince dólares. El juego original salió en el año 2004 y desde entonces han ido apareciendo sucesivas ampliaciones, la última de ellas a finales de 2008: *Wrath of the Lich King.*

En *World of Warcraft* el jugador controla a un personaje (avatar) con el que explora el paisaje, lucha contra monstruos y coopera con otros jugadores en diversas tareas, retos y misiones, gracias a los cuales adquiere experiencia y puede poseer nuevos objetos y habilidades.

\<http://www.worldofwarcraft.com\>

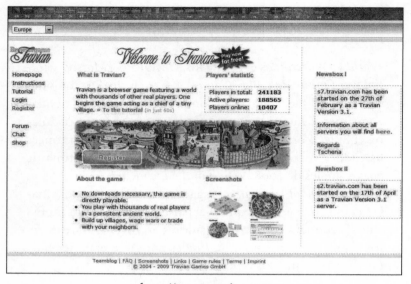

<http://www.travian.net>

Orgullo español en el *Warcraft*

El joven español de dieciséis años Pedro Moreno conquistó el subcampeonato del mundo de *Warcraft III* en la competición celebrada en Anaheim, California, en octubre de 2008. José Moreno ya era nuestro flamante campeón de España y fue derrotado por un coreano (alias *LYN*), al que había vencido en una ocasión anterior. José Moreno se embolsó, no obstante, un premio de 15.000 euros.

El equipo español de *World of Warcraft,* sin embargo, tuvo una actuación algo más decepcionante: acabó en quinto puesto, a pesar de que había grandes expectativas sobre un equipo que había ganado varios torneos internacionales en los últimos meses.

Second Life y Teen Second Life

Second Life y Teen Second Life son dos mundos virtuales en 3D. El primero se fundó el año 2003, y el segundo dos años más tarde para permitir que los adolescentes (entre trece y diecisiete años) pudiesen participar sin tener que mentir sobre su edad como estaban haciendo de forma masiva. Cuando un usuario de Teen Second Life alcanza la mayoría de edad, se pasa automáticamente al Second Life de los adultos.

Los participantes se denominan «residentes» y tienen su propio «avatar» (personaje virtual), que modelan a su gusto, con su propia fisonomía, nombre, ropa, etc. En Se-

<http://secondlife.com>
<http://teen.secondlife.com>

cond Life se puede comprar todo tipo de cosas con «Linden Dollars», que se cambian por dólares de verdad.

Se puede ser miembro de Second Life o de Teen Second Life de manera gratuita, pero los usuarios que pagan una cuota de diez dólares mensuales pueden ser dueños de una equeña cantidad de «tierra» que pueden ir ampliando. En definitiva, se trata de un mundo virtual, pero muy real a la vez, en el que participan infinidad de empresas, universidades, partidos políticos y en el que países como Suecia, Colombia o Serbia han abierto ya sus embajadas.

Políticos y celebridades acuden a menudo a actos en Second Life, donde presentan sus libros, celebran congresos internacionales, etc.

El problema de la adicción a los videojuegos y de las apuestas *on line*

Uno de los principales problemas de los videojuegos, además de su contenido violento, que ya hemos comentado con anterioridad, es la adicción que pueden provocar en niños y adolescentes.

Recuerdo una ocasión en que mis padres se fueron de viaje y me quedé solo en casa (en los años ochenta). Por aquel entonces era un adolescente bastante «enviciado» con los videojuegos, y en particular con uno del Comodore 64, *Battle of Britain* (La batalla de Inglaterra) (1985), un juego de estrategia en el que estaba en juego la supervivencia de las Islas Británicas, ya fuera dirigiendo a los bombarderos alemanes en sus furiosos ataques sobre los aeródromos y radares ingleses, o bien comandando la defensa del Reino Unido con los valientes cazas *spitfires*. Aprovechando que mis padres no estaban, permanecí pegado a la pantalla del televisor ¡durante treinta y seis horas seguidas!

Al parecer, la adicción a los videojuegos es más fuerte entre los chicos que entre las chicas (que, sin embargo, pasan en total bastante más horas conectadas a Internet que los chicos). Los juegos más adictivos serían los de simulación y los que se juegan en grupo. Nuestros hijos se mantienen en red durante largas horas no ya sólo porque se lo pasan bien (que también), sino además por solidaridad con los otros compañeros virtuales y porque se resisten a salir y perder los beneficios que han ido acumulando con tanto esfuerzo: mientras más tiempo pasan en el juego, más poderes y más riquezas virtuales adquieren, lo que genera más dopamina (placer) y se les hace más difícil abandonar la partida.

La adicción a los videojuegos en línea puede ser muy fuerte y se han documentado incluso algunos casos de jugadores asiáticos que han muerto de agotamiento tras permanecer cincuenta horas o más jugando sin parar.

En las páginas finales del libro trataremos con más detenimiento los síntomas de la adicción a Internet y qué se puede hacer con un joven que presenta este desorden. Una forma entretenida de conocer de lo que estamos hablando puede ser visionar el capítulo de *South Park* titulado «Make Law, Not *Warcraft*», donde los jóvenes protagonistas de la serie se enfrentan con el reto de un jugador empedernido y antisocial que está matando a jugadores inocentes en los mundos de *Warcraft*.

Existe también un episodio de *Los Simpsons*, «Marge Gamer», en el que Marge se enfrenta a la afición de Homer a los videojuegos, pero acaba convirtiéndose en una adicta a un *MMORPG* llamado *Earthland Realms*, que desde entonces goza de una fama renovada en la Red.

Internet se ha convertido también en un paraíso para los jugadores de apuestas. Bajo ningún concepto pueden participar en estos juegos de azar nuestros hijos. La adicción al juego con apuestas es demasiado fuerte y puede provocar desórdenes muy serios. Hay que tener mucho cuidado con lugares de la Web en los que se ofrecen apuestas sin riesgo (se ganan y se pierden puntos en lugar de dinero), pues de los puntos al dinero sólo hay un paso.

Si en algún momento observa o sospecha que su hijo adolescente está inmerso en este tipo de prácticas, intervenga de inmediato y, si fuera necesario, ponga a su hijo en manos de un especialista.

Los cracks

- <http://www.megagames.com>
- <http://www.gamecopyworld.com>

Muchos videojuegos incluyen sistemas de protección anticopia diseñados para evitar que se puedan copiar los discos compactos o los DVD. En realidad, lo que hace la protección anticopia es impedir que las copias sean reconocidas como legítimas por el ordenador, por lo que el juego no llega a arrancar y continúa pidiendo al usuario que inserte el disco compacto o el DVD en el lector.

Los denominados «cracks» son archivos que los hackers cuelgan en Internet para que los jugadores puedan descargarlos y reemplazar por los archivos ejecutables provenientes de los discos originales. Estos nuevos archivos ejecutables, que se sobrescriben encima de los originales, están modificados y ya no solicitan que se inserte ningún disco en el lector.

Los hackers alegan que los cracks no tienen la finalidad de violar los derechos de propiedad intelectual, sino permitir a los usuarios realizar «copias de seguridad» de sus juegos por si se dañasen accidentalmente (por ejemplo, si se rayasen, circunstancia que ocurre a menudo).

La realidad es que, aprovechándose de los cracks, un joven puede alquilar un videojuego de ordenador en un videoclub, instalarlo en su ordenador, reemplazar el archivo ejecutable con el crack que descarga de la Red en cuestión de segundos, y devolver el juego original al videoclub. El juego permanecerá funcionando en su disco duro hasta que se canse de él y lo borre para liberar espacio.

El mayor peligro que encierran los cracks, como saben muy bien los jugadores, es que a veces traen sorpresas desagradables, como virus y otras clases de programas maliciosos (*malware*), que aprovechan para instalarse en el ordenador cuando se neutraliza la protección anticopia.

Si su hijo es de los que utiliza cracks, además de advertirle de la más que dudosa legalidad de dicha práctica, insístale en que, por lo menos, tenga siempre en funcionamiento un buen antivirus.

La Red como canal de expresión:
los blogs y los podcasts

Creatividad adolescente

Internet es el reino de los jóvenes creadores y de los emprendedores barbilampiños. La Red está llena de adolescentes que han revolucionado Internet con sus ideas y con sus aplicaciones informáticas.

Es el caso del adolescente Shawn Fanning, que destruyó el modelo de negocio de las discográficas con un programa que desarrolló por las noches, a la salida del instituto: Napster; o de Matt Wullenweg, el joven que desarrolló el programa Wordpress, utilizado hoy en día por millones de blogueros de forma gratuita (este autor entre ellos) sin hacer daño a nadie; o de los estudiantes Larry Page y Sergey Brin, que crearon Google cuando estaban en la universidad; o de *DVD Jon* (John Johansen), el adolescente noruego que se cargó el sistema de protección de los DVD él solito.

Cuesta trabajo creer lo que son capaces de hacer los adolescentes sólo con un ordenador y una conexión a Internet. Utilizan la Red para aprenden a programar, obtienen ayuda de otras personas con más experiencia, resuelven sus dudas acudiendo a foros sobre la materia, comparten sus descubrimientos con los demás y con enorme talento y habilidad son capaces de programar aplicaciones informáticas sencillamente espectaculares.

Aunque no todos los jóvenes son programadores. También

hay creadores en un sentido más tradicional, adolescentes que mantienen websites y blogs extraordinarios o que componen música o editan vídeos espectaculares que cuelgan en Youtube para maravilla de los adultos, que apenas podemos dar crédito a toda esta explosión inédita de creatividad.

Y es que hoy en día la creatividad está al alcance de cualquiera. Para «crear» ya no hace falta que tu padre sea el dueño de un estudio de grabación o el propietario de un canal de televisión. Cualquiera puede crear contenido de calidad, y aunque el nivel y la sofisticación de la creación crece lógicamente con la edad, ya empieza a ser bueno entre los doce y los catorce años, y puede alcanzar niveles extraordinarios entre los quince y los diecisiete años. Si no creen lo que les digo, asómense a cualquiera de las redes sociales y vean los perfiles que tienen nuestros hijos en MySpace o en Facebook: auténticos retablos audiovisuales del siglo XXI.

Los blogs

La palabra «blog» es la abreviatura de Web Log, o diario en la web. Se trata de una aplicación web en la que se publican entradas o artículos que normalmente van apareciendo en orden cronológico inverso, es decir, el último en publicarse aparece primero. Para crear un blog no se requieren apenas conocimientos de programación y son mucho más fáciles de mantener que los sitios web tradicionales.

Si uno de nuestros hijos se decide a escribir un blog, le basta con personalizar una plantilla con el nombre del blog, las categorías de artículos que va a publicar y poco más. En cuestión de segundos, ya está en condiciones de escribir y publicar prácticamente como si se tratara de un programa de edición de textos.

Las imágenes que se muestran a continuación se corresponden con la vista del panel de administración del blog de mi novela: *La Primera en el Peligro de la Libertad*.

La Primera en el Peligro de la Libertad (View site »)

Howdy, Leonardo Cervera Navas [Sign Out, My Profile]

Dashboard Write Manage Comments Blogroll Presentation Plugins Users Options podPress

Welcome to WordPress

Use these links to get started:

- Write a post
- Update your profile or change your password
- Add a bookmark to your blogroll
- Change your site's look or theme

Need help with WordPress? Please see our documentation or visit the support forums.

WordPress Development Blog

WordPress 2.7 Wireframes — 6 days ago

For those of you who have been downloading the nightly builds or contributing code to 2.7, you've noticed how quickly features are being added, small layout changes are gradually being implemented, and the application is morphing before your very eyes. For the most part, the response has been extremely positive, but even the people who [...]

Latest Activity

Incoming Links More »
- 4 en la costa
- Málaga y su Historia más reciente
- Blog Interiuris – Andy Ramos
- Podcast Interiuris 42
- Planeta Málaga / últimas historias
- Quién dice qué...
- Podcast de Radio Málaga 1937
- DeliriumTremens
- Podcast Interiuris 40
- Planeta Málaga / últimas historias

Comments »
- Fernando on La Primera en el Peligro de la Libertad en las bibliotecas públicas de Málaga (tžin)
- marymar on La Primera en el Peligro de la Libertad en las bibliotecas públicas de Málaga (tžin)

Write Post Write Page

Your Drafts: Segunda emisión de Radio Málaga 1937. Mensaje en esperanto a los camaradas de todo el mundo, 9 de diciembre de 1936. El tiempo se ha detenido en la Málaga de la guerra civil, 1 de febrero 1937. Extractos del discurso del Canciller Hitler sobre los asuntos españoles., 31 enero 1937. Éxito de Izquierda Republicana en Churriana., La situación en el frente de Alhama, Comunicado del Comité Provincial de Juventudes Libertarias de Málaga, Un filme que da cuenta de la lucha de las armas republicanas, Publica tus noticias, Música: himnos revolucionarios .

Title

Título del artículo

Post

b i link b-quote del ins img ul ol li code more lookup Close Tags

Texto del artículo: demostración para "Lo que hacen tus hijos en Internet"

Categories
[____] Add
Separate multiple categories with commas.
- Carlos Cozalbes
- El barón
- El libro de la guerra
- El Negro
- España
- Guerra
- in memoriam
- internacional
- Jonathan Kestner

Save and Continue Editing   Save   Publish   Discussion +

112

Los blogs de Leo y Pachi

Si todavía cree que lo de elaborar un blog es muy complicado, preste atención a los blogs que hicieron mis hijos (doce y diez años, respectivamente) solos por completo y sin ninguna ayuda.

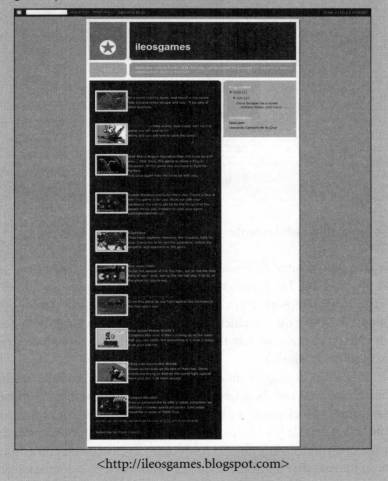

<http://ileosgames.blogspot.com>

Ambos blogs están en inglés porque los crearon cuando aún vivíamos en Estados Unidos. Cuando comenzaron a publicar en estos blogs, la idea de escribir este libro todavía no había tomado cuerpo. Si se pasan por los blogs de mis hijos, anímense y dejen algún comentario, a ver si así los actualizan más a menudo.

<http://ipachi.blogspot.com>

La blogosfera adolescente

Se cree que la mitad de los adolescentes con acceso a Internet tiene su propio blog. Los estudios sociológicos indican que los adolescentes con menos recursos económicos y los hijos de separados bloguean más, y que las chicas son más activas en la blogosfera que los chicos (en realidad, han trasladado a la web la práctica ancestral de escribir un diario).

En efecto, el blog de un adolescente se asemeja al diario tradicional, aunque con la diferencia de que el blog se hace público para que todo el mundo pueda leerlo. Es dudoso, sin embargo, que la mayoría de los adolescentes sean plenamente conscientes de hasta qué punto son públicos los blogs, y la prueba de ello es que en su mayor parte les disgusta que extraños los lean o comenten en ellos. La inmensa mayoría de los que visitan los blogs del adolescente son sus amigos, es decir, los compañeros del colegio o del instituto.

Para ilustrar el diario típico de una adolescente, me he dado una vuelta por la comunidad de blogs Xanga, que es la que atrae a los más jóvenes, y he elegido al azar uno de los miles de blogs que allí se encuentran: el de una adolescente estadounidense. El título del blog define un poco a su autora: «El fuego en mi alma arde más brillante que el sol».

En el último *post* que ha publicado esta joven, vemos que habla de manera enigmática y contradictoria del chico que le gusta:

Sí, vamos al mismo instituto y tenemos la misma clase de Sociales, y él se comporta bien ahora mismo, quiero decir que ha dicho algunas tonterías y estoy frustrada con él, pero qué voy a hacer, se trata de un chico y aparentemente es estúpido. Quiero decir que ahora mismo se comporta bien pero estoy esperando, estoy esperando que vuelva a ser como solía ser, pero ahora mismo está conmigo todo el rato porque yo tengo amigos y él no, es gracioso...*

* Yes we go to the same school and have the same Social Studies class together and he's okay right now, I mean he has said some dumb things and I have gotten frustrated at him but what am I going to do, he's a boy and aparently he's stupid. I mean right now he's okay but I'm waiting, I'm waiting for him to slip back to the way he was, but right now he's hanging around me all the time because I have friends and he doesn't so fun...

Si nos adentramos en la sección de fotografías, encontraremos un centenar de fotos diversas: de ella misma, del que parece ser su hermano, de su perro...

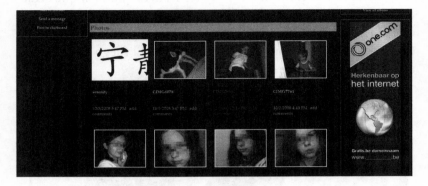

En la sección de vídeos, vemos unos vídeos con su hermano pequeño en los que se ve a la autora del blog más pequeña, con una apariencia más infantil.

El blog de nuestra joven amiga estadounidense se completa con otras secciones, como los álbumes musicales que le gustan, sus canciones favoritas (que se pueden escuchar), las lista de sus amigos, comentarios, etc.

Este blog tomado completamente al azar ha resultado ser uno bastante normal, pero si invierte usted algunos minutos en Xanga o en cualquier otro portal de almacenamiento gratuito de blogs, seguramente se le pondrán los pelos de punta al ver la clase de fotografías y vídeos que cuelgan los adolescentes, muchos de ellos en poses sexuales.

La mayoría de los blogs permiten a sus usuarios restringir el acceso de tal forma que sólo determinadas personas (por ejemplo, sus amigos) puedan tener acceso, pero la mayor parte de los adolescentes no toman estas precauciones, debido a que no son

Lo último en blogs: *microblogging*

La idea que hay detrás de Twitter y otros servicios similares es sencilla: los usuarios de esta red social pueden escribir entradas cortas de hasta 150 caracteres respondiendo a la pregunta: «¿Qué estas haciendo?».

Las entradas se pueden escribir desde el ordenador o desde un teléfono móvil, desde programas de mensajería instantánea o desde otras redes sociales, como Facebook. Las entradas las leen «los seguidores», que así pueden saber lo que está haciendo la persona en cuestión en todo momento (en la imagen, una conexión a Twitter de este autor).

<http:www.twitter.com>

concientes de la verdadera publicidad de sus actos y también creen que se esconden bajo identidades falsas.

Esto lo saben muy bien aquellos profesores que han hecho el experimento de proyectar los blogs de sus alumnos en una pantalla, a la vista de la clase: a pesar de que todos los blogs han estado públicamente accesibles en Internet para todo el mundo, la reacción de la mayoría de los alumnos ha sido de vergüenza, y muchos hasta se escandalizaron con la conducta del profesor.

El lado oscuro de la blogosfera

La blogosfera tiene un lado oscuro. Muy oscuro. Un claro ejemplo lo constituyen los blogs de los bulímicos y los anoréxicos, donde los adolescentes se animan unos a otros a no comer, a ignorar las presiones de sus padres y a permanecer delgados. Se trata de *blogrings* que tienen por título: «Estoy gorda. Tú estás gorda», «Vamos a pasar hambre» o «Alicia en el País de los Hambrientos», en los que los muchachos hablan de los alimentos que dejan peor sabor de boca al vomitar o se dan consejos para saltarse las comidas.

También pone los pelos de punta leer los blogs de los *cutters*, muchachos que se autolesionan y mutilan para llamar la atención (y al parecer encuentran placer en estas prácticas, que estarían más extendidas de lo que se piensa). En Xanga podemos encontrar *blogrings* con títulos como «Si fuiste una vez un *cutter*, eres un *cutter* para siempre» o «El cielo de los *cutters*».

Otros blogs «del lado oscuro» hablan continuamente de la muerte, del suicidio o de la clase de cosas que salen siempre a la luz después de que se produce algún tiroteo en un instituto y se descubre que el asesino en cuestión llevaba meses publicando barbaridades en Internet. Así, se pueden encontrar *blogrings* con títulos como «Pensamiento suicida» o «Suicido adolescente», con miembros que tienen seudónimos tan escalofriantes como *Deprimido y roto* o con el lema «Mejor muerto que vivo».

No pretendo alarmar a los padres en demasía y por tanto no me extenderé más en este punto ni publicaré fotografías que le cortarían a más de uno la digestión. Lo importante es que todos seamos muy conscientes de este lado oscuro y permanezcamos vigilantes. Si en algún momento detecta que sus hijos frecuentan este tipo de blogs o forman parte de estas comunidades, será imprescindible intervenir con contundencia y solicitar la ayuda de un especialista.

Activismo Web 2.0

Hay quien utiliza la Red para compartir sus tendencia suicidas y hay quien la usa para compartir con los demás sus deseos de cambiar el mundo. Los jóvenes del siglo XXI parecen haber salido del letargo político en el que han estado sumidos en las últimas décadas y empiezan a participar activamente en lo que se ha venido en denominar el *activismo Web 2.0*, que pretende hacer uso de Internet como una herramienta para el cambio social.

La Red es el lugar en el que muchos jóvenes encuentran un canal para expresarse políticamente y para el voluntariado, un fenómeno sociológico que deja boquiabierto a la mayoría de los adultos, mucho más pasivos en términos de acción social. Los jóvenes de hoy en día creen que no basta con pensar, hay que actuar.

Uno de los muchos ejemplos que encontramos en la Web es la plataforma TakingITGlobal, que se define como «una organización internacional liderada por jóvenes y posibilitada por la tecnología». La organización, con su sede en Canadá, tiene más de 200.000 miembros en 261 países, y es un lugar en el que los jóvenes con ganas de hacer cosas por los demás pueden entrar en contacto y asociarse a los distintos proyectos que se proponen.

Para conocer más sobre las causas del activismo Web 2.0, una lectura recomendable es el informe *Just Cause* (véase la imagen en la página 122), publicado por la cadena de televisión MTV.

¿Qué es la Web 2.0?

A diferencia de la Web 1.0, que era mayoritariamente estática y permitía muy poca interacción por parte de los usuarios, la Web 2.0 se caracteriza por su dinamismo, su aspecto social (ya comentado con anterioridad en el apartado de las redes sociales) y el hecho de que los usuarios pueden interactuar y crear su propio contenido.

Un ejemplo sencillo que sirve para ilustrar la evolución que ha supuesto la Web 2.0 es la evolución de los periódicos digitales en los últimos años. En la Web 1.0, las noticias se publicaban en Internet sin más. Hoy en día, sin embargo, los lectores pueden incluir sus comentarios, valorar las noticias, reenviarlas a otros usuarios, etc. Es lo que se conoce

Imagen de la página principal de <http://Delicious.com>

como «la inteligencia colectiva», que se pone claramente de manifiesto en aplicaciones de marcadores sociales como Delicious.com.

Veamos algunos ejemplos de aplicaciones Web 2.0

Los marcadores sociales

- <http://delicious.com>
- <http://digg.com>

Un marcador social es una utilidad web mediante la cual los usuarios de Internet etiquetan los sitios que visitan, los valoran, los añaden a sus listas de marcadores y los comparten con los demás usuarios. En otras palabras, cuando varias personas marcan un determinado artículo, noticia o página web, la calificación de ese sitio sube, por lo que se hace más accesible a otros usuarios y aumenta su popularidad.

Lugares de intercambio de fotografías

- <http://flickr.com>
- <http://picasa.google.com>

Los usuarios de la Web 2.0 comparten en la Red sus aficiones y amistades (redes sociales), o los contenidos de la web que les han gustado (marcadores sociales), o sus conocimientos (Wikipedia), o contenidos realizados por ellos, ya sean vídeos (Youtube) o fotografías.

En el caso de las fotografías, los sitios Flickr y Picasa contienen millones de fotografías que en muchos casos pueden ser reutilizadas por otros sobre la base de términos de licencias más o menos permisivos, como Creative Commons.

<http://www.mtv.com/thinkmtv/research/pdf/Just.Cause.FNL.APX.pdf>

Los podcasts

Los podcasts son grabaciones de audio o vídeo (videopodcasts) que se descargan de Internet y se reproducen en un reproductor MP3/MP4 o en el propio ordenador. Para producir y publicar un podcast en la Red, no se necesita más que un sencillo programa de grabación (gratuito o de pago) y un micrófono. Se trata de un fenómeno relativamente moderno en la Web (año 2004).

El podcast más habitual es el de una persona que habla sobre un tema que conoce bien (más o menos *amateur*), aunque hay formatos más sofisticados. Algunos se parecen a las emisiones de radio y otros son precisamente eso: las emisiones de radio tradicionales pero en diferido.

Las temáticas y los contenidos de los podcasts pueden ser muy variados: tecnología, videojuegos, cine y televisión, comedia, historia, arte, cocina...

En la imagen pueden verse podcasts de la clase sobre el Imperio romano de la catedrática Isabelle Pafford, de la Universidad de Berkeley (History 106b), muy recomendables.

Si su hijo o su hija es de los que lleva un iPod de Apple (porque hay muchas marcas diferentes de reproductores MP3/MP4), seguramente utilizará el directorio de podcasts de iTunes para descargarse de forma gratuita aquellos podcasts que más le gustan.

Un recurso impagable de iTunes para los adolescentes que quieren prepararse para la universidad y en general para todas las personas que aman la educación superior es iTunes U (Universidad). En la imagen se ve alguno de los podcasts de la Universidad de Stanford.

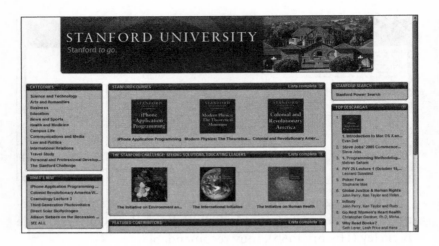

La Web 3.0 o web semántica

Los tecnólogos ya predicen la irrupción de una nueva Web, la 3.0, que se encontraría en fase embrionaria en la actualidad (según parece, en un estado de desarrollo similar a como se encontraba la Web 1.0 en el año 1992).

La diferencia con la Web 2.0 es que los sitios web actuales están diseñados para ser leídos por personas, y por tanto resultan incomprensibles para otros ordenadores. Lo que consigue la web semántica mediante el uso de «etiquetas» (metadata y ontología) es que en la Red no sólo interaccionen los usuarios, sino también las máquinas.

La persona a la que se considera como el inventor de Internet, Timothy Berners-Lee, expresó en 1999 su visión de la web semántica con las siguientes palabras:

Sueño con una Red en la que los ordenadores sean capaces de analizar todos los datos de la Red —los contenidos, los links y las transacciones entre personas y ordenadores–. La «web semántica», que podría hacer esto posible, está todavía por nacer, pero cuando lo haga, los mecanismos rutinarios del comercio, la burocracia o nuestras vidas cotidianas serán manejados por máquinas que hablarán a otras máquinas. Los «agentes inteligentes» anunciados durante décadas se materializarán finalmente.

Si quiere asomarse a lo que podrían ser los primeros pasos (incipientes) de la Red del futuro, efectúe una búsqueda en un buscador semántico como Hakia.com y vea cómo se estructura la información tras la búsqueda realizada.

<http://www.hakia.com>
Resultado de la búsqueda del término «Spain»
en este buscador.

Los límites de la propiedad intelectual

Un universo en ebullición

Hay algunos capítulos de esta obra cuyo tratamiento en profundidad requeriría un libro entero. Éste podría ser uno de ellos.

Como especialista en temas de propiedad intelectual, estoy muy acostumbrado a las quejas de los jóvenes (y de no pocos adultos también) sobre esta rama del derecho que resulta bastante incomprensible para el público en general y contra la que a veces se manifiesta bastante hostilidad, sobre todo por parte de los más jóvenes.

Las primeras leyes de propiedad intelectual se remontan al Estatuto de Anne (Inglaterra, 1710) y a la Revolución francesa. Desde finales del siglo xix, una serie de tratados internacionales han venido adaptando esta rama del derecho a los cambios tecnológicos con más o menos fortuna y, al mismo tiempo, armonizando las distintas leyes nacionales.

La irrupción de Internet, sin embargo, ha revolucionado el mundo de la propiedad intelectual y ha puesto en crisis a sectores enteros de la producción cultural que luchan por recuperarse de este enorme *tsunami* digital. El caso más conocido es el de las empresas discográficas y el fenómeno de las redes *peer-to-peer*.

¿Derechos de autor o *copyright*?

En la Europa continental, hablamos de «derechos de autor» (*droit d'auteur*, en francés), mientras que en el Reino Unido y Estados Unidos se habla de *copyright*.

La diferencia en la terminología no es casual: mientras que para el derecho de autor continental el centro del sistema es el autor y su obra como emanación de su personalidad, el sistema del Common Law pone el acento en los derechos patrimoniales o económicos, es decir, a quién corresponde el derecho a hacer las copias de una determinada obra y venderlas.

En los países de *droit d'auteur* como España, sólo las personas físicas pueden ser «autores» y ceder sus derechos de explotación a las compañías (con excepción del software, que tiene un régimen particular), mientras que, en Estados Unidos, las empresas también pueden tener la consideración de autores sin que los creadores contratados por esas compañías puedan alegar derechos de paternidad sobre las obras (es lo que se conoce como la doctrina del *work for hire*).

Algunos conceptos básicos de propiedad intelectual

La propiedad intelectual o el *copyright* es un concepto amplio que abarca muchas clases de obras, muchos titulares de derechos y muchos derechos sobre cada obra.

Las obras protegidas por derechos de propiedad intelectual son las obras literarias (libros, periódicos, revistas), las obras musicales (en sus distintos formatos: CD, DVD, descargas por Internet, etc.), las obras cinematográficas, los programas de ordenador, las pinturas, las esculturas, las obras arquitectónicas, las fotografías, etc.

Sobre cada una de estas obras suele haber varios titulares de derechos. Por ejemplo, en el caso de un disco compacto de música, normalmente tenemos los siguientes derechohabientes: el compositor de la música, el autor de las letras de las canciones, el cantante y la discográfica.

Sobre cada obra, cada uno de estos titulares ostenta, a su vez, distintos derechos; las más importantes son el derecho de copia (reproducción), el derecho a emitirlo por radio y televisión (derecho de comunicación al público, gestionado por las sociedades de autores y editores, como la SGAE), el derecho a poner las copias a la venta en las tiendas (derecho de distribución) o el derecho a descargarse las obras por Internet (derecho de puesta a disposición).

Esta rápida fotografía de los actores de la industria del *copyright* no quedaría completa sin mencionar a otros participantes, tales como las sociedades de gestión, los editores (de libros y música), los agentes, los distribuidores (iTunes) o los abogados, pues debido a su enorme complejidad, es difícil manejarse en el mundo del *copyright* sin contar con el asesoramiento de un abogado especializado.

¿Qué son las redes *peer-to-peer*?

Las redes *peer-to-peer* son redes que no tienen clientes ni servidores fijos, sino nodos que se comportan indistintamente como clientes y como servidores. Estas redes se sirven de la enorme capacidad de la banda ancha para compartir archivos entre los usuarios, sin hacer distinción entre archivos sujetos a derechos de autor y otros que no lo están.

En las redes *peer-to-peer* se copian y se intercambian toda clase de archivos (texto, música, vídeo, programas de ordenador, etc.) y todo tipo de contenidos, desde software libre hasta archivos de pornografía infantil.

La pesadilla para la industria fonográfica comenzó en 1999 con el lanzamiento de Napster, un servicio de intercambio de archivos que se popularizó en cuestión de semanas. En un momento dado había más usuarios de Napster que intercambiaban archivos ilegalmente en Estados Unidos que votantes registrados para las elecciones. Ante la posibilidad de obtener música de manera instantánea y de forma gratuita (si se descuenta el pago de la conexión a Internet, lógicamente), el modelo de negocio basado en la venta de discos compactos entró en crisis.

La industria discográfica se movilizó en seguida en los juzgados y consiguió el cierre de Napster, pero otras muchas redes similares lo siguieron. Resultaba bastante más difícil tumbar a estos nuevos Napsters en los juzgados porque carecían de un servidor central, un corazón en el que

<http://www.bittorrent.com>

asestar una estocada mortal. Muchos de ellos aún continúan en funcionamiento varios años después (Emule, Kazaa, Morpheus, Ares y tantos otros).

En el año 2005, en el famoso caso *Grokster*, el Tribunal Supremo norteamericano ordenó el cierre de esta red, a pesar de que no tenía un servidor central, por considerar que incitaba a la violación de los derechos de propiedad intelectual y que se lucraba con el intercambio de archivos que hacían sus usuarios gracias a sus ingresos por publicidad (*contributory infringment*, en terminología legal estadounidense).

La industria de contenidos ha seguido luchando en los tribunales contra estos servicios, y en el año 2009 ha logrado una sentencia similar contra el portal Pirate Bay, aunque en este caso el procedimiento judicial no iba dirigido contra el portal en sí, sino contra sus responsables, que fueron condenados en primera instancia por un tribunal de Estocolmo. La mayoría de los especialistas consideran, sin embargo, que la batalla contra las redes *peer-to-peer* no se ganará en los juzgados, sino desarrollando modelos de negocio alternativos.

El portal de descargas iTunes, de Apple, es un buen ejemplo de modelo de negocio exitoso: puede que Apple no haya ganado mucho dinero vendiendo las canciones a 99 centavos de dólar, pero ha ingresado muchos millones de dólares y ha eludido la crisis gracias a sus reproductores MP3, los famosos iPods.

En la imagen de la página anterior aparece BitTorrent, una de las aplicaciones de descargas *peer-to-peer* más populares entre los adolescentes y necesaria para descargar archivos del portal Pirate Bay.

Los jóvenes y la propiedad intelectual

Este enorme universo que es la propiedad intelectual y el negocio que gira en torno a ella, y que ha venido funcionando más o menos bien durante los últimos doscientos años, se encuentra sometido en la actualidad a fuertes tensiones. Permítanme que ilustre lo que quiero decir con un sencillo ejemplo.

Se estima que un iPod classic de 160 gigabytes tiene capacidad para guardar y reproducir 40.000 canciones. Por muy generosa que sea la paga de un adolescente, resulta muy difícil que pueda llenar su iPod de canciones descargadas legalmente (a 99 centavos por canción, necesitaría gastarse unos 40.000 dólares en música). Como la mayoría de los iPods de los adolescentes están repletos y a en ocasiones hasta se llenan y se vacían varias veces, forzoso es reconocer que una gran parte de los jóvenes que usan estos dispositivos hacen uso de los servicios de descargas ilegales para obtener contenidos protegidos por *copyright*.

Si se fija en el ordenador de sus hijos verá que problablemente permanece encendido las veinticuatro horas del día, seguramente para que los programas de descargas puedan funcionar sin cesar, día y noche, bajando música, películas y juegos de ordenador.

Toda esta «gratuidad» basada en la violación masiva y sistemática de los derechos de autor, que muchos tratan de justificar con teorías más o menos peregrinas, está provocando un efecto muy pernicioso tanto en la industria como en los propios jóvenes, pues además de que ha privado a los autores y a los productores de legítimos beneficios, ha desvalorizado terriblemente las obras en la mente de los más jóvenes, que se muestran reacios a pagar por la música, ni aun cuando dispongan de cierta capacidad económica para ello.

Como la creación musical o cinematográfica tiene un precio (muy alto en algunos casos), si los creadores y los distribuidores no se benefician del fruto de su trabajo, dejan de crear, con lo que al final somos todos los que nos perjudicamos. Y como los primeros en ser barridos del mercado son siempre los que menos fuerza tienen, los independientes y los minoritarios parecen encontrarse en vías de extinción, precisamente aquellos que suelen aportar más variedad e innovación al panorama creativo...

Es verdad que hay algunos modelos de negocio que están caducos y que la industria del *copyright* debería hacer un esfuerzo mayor para adaptarse a las nuevas tecnologías. Es frecuente oír a los jóvenes preguntarse por qué tienen que comprar un álbum con doce canciones cuando sólo les interesan tres, o por qué tienen que suscribirse y pagar por doscientos canales a la vez si sólo les interesan cuatro. Pero lo cortés no quita lo valiente, y la mayoría de los especialistas en propiedad intelectual consideran que es preciso encontrar un equilibrio entre flexibilidad y una apropiada remuneración de los derechos de autor.

Copyleft, Free Culture y Creative Commons

Un fenómeno reciente en este mundo complejo de la propiedad intelectual es el denominado *copyleft*, un movimiento difuso que se opone a las ideas tradicionales del *copyright*, ya sea desde planteamientos radicales, próximos al anarquismo, o desde planteamientos más moderados, respetando la validez del sistema pero expresando la necesidad de salvaguardar también otros intereses (el acceso a la cultura, la libertad de expresión, etc.). Muchos jóvenes cibernautas, blogueros y prestigiosos académicos se identifican hoy en día con estos planteamientos *copyleft*.

El origen de esta revolución silenciosa se encuentra en el movimiento *open source* o software libre, aunque, en lo que respecta al *copyright*, existen dos catedráticos estadounidenses que han puesto sobre la mesa propuestas muy innovadoras en los últimos cinco años.

El primero de ellos es Lawrence Lessig, profesor de Derecho

en la Universidad de Stanford y conocido activista, que con su libro *Free Culture* (Cultura libre) (2004), que podía comprarse en las tiendas o descargarse gratuitamente por Internet, dio pie a todo un movimiento que desde entonces lleva el nombre de su libro.

En *Free Culture*, Lessig denunció que la cultura estaba encapsulada por las normas de propiedad intelectual y que, fruto de la enorme concentración de los grupos mediáticos, la cultura de la humanidad se había convertido en propiedad de unos pocos. Desde el año 2007, Lessig ha cambiado su discurso para centrarse en la lucha contra la corrupción política estadounidense.

El otro catedrático que ha hecho tambalear los cimientos de la propiedad intelectual tradicional es el profesor James Boyle, con el que tuve el honor de trabajar durante mi periodo universitario en Estados Unidos. El escocés Boyle enseña Propiedad Intelectual en la Universidad de Duke (Carolina del Norte) y ha sido fundador y presidente del Consejo de Administración de Creative Commons.

Creative Commons es un innovador sistema de licencias que va más allá del «todos los derechos reservados» y permite al autor especificar qué derechos se reserva y cuáles libera. Además, permite incrustar los derechos en la propia obra digital (metadata). El objetivo final de Creative Commons es «liberar» el mayor número de obras para que otros usuarios-creadores puedan hacer uso de las mismas en Internet. Hasta cierto punto se trata de trasladar al mundo del *copyright* la filosofía del software libre, que permite a otros programadores utilizar, modificar y redistribuir el software libremente.

En las licencias Creative Commons los creadores especifican lo que otros pueden hacer con sus obras. La licencia más permisiva es la que condiciona cualquier uso o distribución posterior sólo a la mención de la autoría. El autor también puede decidir si se puede utilizar la obra de forma libre o únicamente para propósitos no comerciales (algo muy recomendable para evitar que otros, por ejemplo los anunciantes, puedan beneficiarse de la creatividad de jóvenes creadores), si se permite crear o no una obra derivada a partir del original, o si es o no obligatorio que las obras creadas a partir de la obra original se distribuyan con un modelo de licencia similar (*share alike*, en inglés; compartir igual).

Esta última cláusula (*share alike*) está llamada a tener efectos virales, pues una vez inmersa en un trabajo, obliga a todos los demás usuarios-adaptadores del mismo a compartirlo también.

Se calcula que sólo en Flickr (www.flickr.com), el portal de fotografía, existirían 67 millones de fotografías con licencia Creative Commons. El modelo está muy extendido entre los jóvenes creadores que están más interesados en la difusión de sus obras para darse a conocer que en la remuneración por su trabajo. Algunas sociedades de gestión de derechos han expresado sus reservas a que los creadores utilicen estas licencias, ya que consideran que el autor pierde el control sobre su obra y podría lamentar una política tan liberal en el futuro, cuando adquiera cierta notoriedad y pretenda vivir de su creación artística.

Rapidshare y Megadownload

Mientras los abogados de las productoras discográficas y cinematográficas tratan de conseguir que los juzgados echen el candado a las redes *peer-to-peer* o que se instalen filtros que permitan diferenciar los contenidos protegidos por derechos de autor de los que no lo están, los servicios gratuitos de almacenamiento de archivos se están convirtiendo en la nueva pesadilla de las industrias de contenido.

La «ventaja» de estos nuevos servicios es que los jóvenes ya no necesitan tener ninguna aplicación funcionando en su ordenador las veinticuatro horas del día, ni correr el riesgo de que les identifiquen mientras intercambian cosas con otros usuarios. Les basta con acceder a un buscador como Megadownload, escribir lo que se quieren descargar y hacer clic. Dividido en varios paquetes (normalmente de 100 Mb o menos), y en cuestión de pocos minutos, pueden descargarse el programa o la película que desean.

En el caso que se muestra en la imagen, la película *Titanic* (1997) aparece descargable en tres paquetes de 235 Mb. La velocidad de descarga dependerá lógicamente de

la banda ancha, aunque con una conexión normal no llevará mucho más de una hora, es decir, menos del tiempo
que invierte un adolescente en hacer los deberes. Si además el joven es de los que descarga muchas cosas, contra-
tará el servicio Premium por unos cuantos euros al mes,
consiguiendo que las descargas se aceleren considerable-
mente.

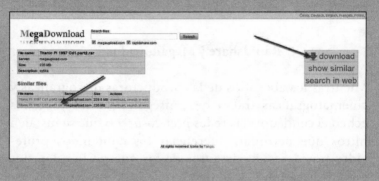

Los límites de la copia privada

Una de las preguntas que más se repite es cómo funciona lo de la copia privada. ¿Se pueden copiar discos compactos de música para uno mismo? ¿Y juegos de ordenador? ¿Bajarse cosas de Internet también se puede considerar como hacer copias privadas?

Hay que empezar por advertir que el tema de la copia privada resulta de una enorme complejidad técnica y está sujeto a muchas interpretaciones (además de a un tenso debate político –y a no poca demagogia también, ligada por lo general al asunto del canon–).

En pocas palabras y simplificando mucho, para que una persona pueda hacerse una copia privada deben darse dos requisitos: que sea el titular de lo que se copia y que la copia se destine a un uso privado (para uno mismo o para alguien del círculo íntimo o familiar).

Un ejemplo clásico sería la copia de un disco compacto de música que se ha adquirido en una tienda de discos para poder escucharlo en el coche (*space-shifting*) o la grabación de un programa de televisión en un reproductor digital para poder verlo en otro momento (*time-shifting*).

Por regla general, se pueden hacer copias privadas de soportes que contengan obras musicales o cinematográficas, pero no de programas de ordenador (por ejemplo, sistemas operativos o juegos). Si el soporte que se pretende copiar está protegido por un sistema de protección anticopia (también en el caso de música y películas), no está permitido vulnerar dicho sistema de protección (hackearlo).

LOS CACHARROS ELECTRÓNICOS
QUE MÁS LES GUSTAN

Es bien sabido que los hijos siguen la pauta de lo que ven en sus padres y el uso de la tecnología no podía ser una excepción. Por lo general, los hijos de padres tecnológicos resultan más tecnológicos que los hijos de los padres que no lo son: si los padres tienen ordenadores, los hijos también, y si los padres tienen móviles, los hijos también. Y aunque los hijos suelen tener más reproductores MP3/MP4 (iPods) que los padres, si éstas tienen reproductores, aquéllas también.

Del conjunto de aparatos electrónicos que existen actualmente en el mercado, el más valorado por los adolescentes, muy por encima de todos los demás, es el ordenador. Todos los chicos quieren poseer su propio ordenador, ya sea de sobremesa o portátil, y la totalidad desea tenerlo en su habitación, aunque esto último no es muy recomendable, como se explica en otras partes de este libro. El siguiente dispositivo en la lista de interés de los adolescentes es el teléfono móvil y, tras éste, los reproductores MP3/MP4 y, a mucha distancia, otros dispositivos electrónicos, como los Blackberry o los Palm.

Habida cuenta del interés que despiertan estos dispositivos entre los más jóvenes, nadie debería extrañarse de que, cuando se pone en el mercado un artilugio que combina gran parte de las funcionalidades de un ordenador (en lo que respecta a conectarse a Internet), de un teléfono y de un reproductor MP3/MP4, el éxito entre los más jóvenes esté asegurado. Me estoy refiriendo al iPhone y a otros dispositivos similares de otras marcas.

Nuestros hijos disponen de un cierto poder adquisitivo, ya sea por sí mismos o por su capacidad de persuasión para que les compren cosas sus padres, y las compras tecnológicas no paran de crecer desde hace años. Cada Navidad, los telediarios se llenan de noticias con las preferencias de los niños y de los adolescentes y, año tras año, los productos tecnológicos van ganando terreno a los regalos más tradicionales.

Según un informe publicado en mayo de 2008 por la comunidad virtual Haboo Hotel, el 65 % de los adolescentes españoles prefiere la tecnología como regalo navideño (sobre todo videoconsolas y videojuegos) y, tristemente, sólo el 4 % de los niños prefiere que le regalen libros.

Muchos padres se preguntan cómo deben reaccionar frente a esta tendencia generalizada. Personalmente, desaconsejo que adopten posiciones muy extremas, ni en un sentido ni en otro. No se debe sucumbir con facilidad a los deseos (por otra parte, inagotables) de los muchachos, ya que ello haría un flaco favor a su educación, pero al mismo tiempo, debemos mostrarnos comprensivos con la atracción que sienten nuestros hijos por la tecnología.

Lo importante no es el número de dispositivos electrónicos que posean nuestros hijos, sino que comprendan dos cosas fundamentales:

a) Que hay un mundo de posibilidades interesantes de entretenimiento y diversión fuera de la tecnología (por ejemplo, la lectura, que es fundamental para su educación).

b) Que la tecnología constituye un lujo que deben ganarse con su esfuerzo y buen comportamiento.

En mi opinión, que estoy seguro que comparten la mayoría de los padres, no se puede permitir que ningún adolescente se consi-

Condiciones de uso del ordenador de

....

En .... a ...... de .... de 20....

RECONOZCO:

- Que usar el ordenador no es un derecho, sino un lujo.
- Que Internet puede ser peligroso y lo utilizaré con moderación y que, si no cumplo lo que prometo, mis padres me castigarán sin ordenador un mes y, si reincido, durante un año.

PROMETO:

- Que no usaré el ordenador mientras estudio o mientras hago los deberes (excepto si fuera imprescindible).
- Que no utilizaré el ordenador para ver pornografía.
- Que no emplearé el ordenador para apostar ni para participar en ninguna subasta.
- Que no compraré nada por Internet sin preguntar antes a mis padres.
- Que no escribiré nada en Internet que sea ofensivo o que, si mis padres lo leyeran, no lo aprobarían.
- Que si veo a alguien utilizando Internet para hacer daño o humillar a otra persona, le diré que pare o se lo comentaré a mis padres o a mis profesores.
- Que tendré cuidado a la hora de dar mis datos personales en Internet y que seré cuidadoso con la información personal de otras personas (por ejemplo, las fotografías).
- Que nunca aceptaré encontrarme con ninguna persona que no haya conocido antes fuera de Internet.
- Que si alguna vez tengo problemas o me siento incómodo con algo que haya hecho o visto por Internet, prometo que se lo contaré a mis padres.

Firmado ....

Lo que hacen tus hijos en Internet. Leonardo Cervera. Integral. <http://loquehacentushijos.com>.

dere con el «derecho» a tener su propio ordenador o su propia videoconsola. Se trata de artículos de lujo y en gran medida superfluos y, en consecuencia, es importante que los padres hagamos sentir a nuestros hijos que «se los tienen que ganar» con su esfuerzo y dedicación en los estudios o aportando una parte de sus propios ahorros para pagar su precio.

Llegará un momento en el que no le quedará más remedio que sucumbir a la presión de sus hijos y les comprará por fin el ordenador que tanto ansían. En ese instante, aproveche para dejar muy claro que su uso está sujeto a su supervisión y que se espera que lo utilicen con moderación y conforme a las reglas que usted señale. Adviértales también de que, si no lo hacen, la consecuencia será que les prohibirá el uso del ordenador por una temporada y, en supuestos graves de reincidencia, los aparatos terminarán definitivamente en el armario o a la venta en un portal de subastas en Internet.

Creo que, de la misma forma que no se debe sucumbir a todas las peticiones tecnológicas de los muchachos, tampoco es conveniente cerrarse en banda y negarse a comprar dispositivos electrónicos que están muy extendidos y que «todos los demás niños de la clase» ya tienen. Los niños y adolescentes a los que se les niega el acceso a estos dispositivos se consideran a sí mismos «injustamente discriminados por unos padres anticuados». Por tanto, para evitar que nuestros hijos se sientan unos «bichos raros», no nos queda más remedio que dejarnos arrastrar por las fuerzas del mercado y la publicidad, aunque sólo de vez en cuando.

CUANDO INTERNET SE CONVIERTE EN UNA PESADILLA

El ciberacoso: un problema muy serio

Ryan Patrick Halligan era un muchacho de Vermont, Virginia, que se suicidó el año 2003. Tenía sólo trece años.

Las causas del suicidio del chico las descubrió su padre en el funeral. Uno de los compañeros de clase de Ryan se acercó hasta él y le confesó que su hijo había sufrido mucho cuando uno de sus compañeros extendió el rumor en Internet de que Ryan era gay; al parecer, una compañera de clase flirteó con él para burlarse y publicó en Internet sus conversaciones privadas. Para colmo de males, Ryan tenía un amigo en Internet al que sus pa-

<http://www.ryanpatrickhalligan.org>

dres no conocían y que estaba obsesionado con la muerte y el suicidio...

Este lugar está dedicado a la memoria de nuestro hijo —dice el sitio en inglés— y a todos los jóvenes que sufren en silencio el acoso electrónico y tienen pensamientos suicidas. Esperamos que los adultos aprendan con nuestra tragedia. Como sociedad, necesitamos encontrar mejores maneras de ayudar a nuestros jóvenes en sus años de crecimiento más difíciles.

El caso de Ryan es conmovedor y lo más triste de todo es que Ryan vivía en una familia feliz y completamente normal, con unos padres cariñosos y preocupados por su educación que, por desgracia, nunca sospecharon que tuviera problemas, pues él jamás les contó nada.

«If We Only Knew, if He Only Told Us» (Si lo hubiéramos sabido, si nos lo hubiera dicho), dice la página de los padres...

¿Cómo puedo saber si mi hijo es víctima de ciberacoso por parte de otros compañeros del colegio o del instituto?

Los siguientes síntomas podrían indicar que su hijo está siendo víctima de ciberacoso:

a) De repente, ya no le interesa Internet y se olvida su teléfono móvil en casa.

b) Se muestra triste o enfadado tras conectarse al ordenador o trata de ocultar lo que hace en Internet.

c) Se muestra irritable, deprimido o enfadado y se inventa enfermedades para no ir al colegio o al instituto.

Otro caso más reciente que ha llenado titulares en Europa y Estados Unidos en el año 2008 ha sido el de la adolescente norteamericana Megan Meier, una chica de trece años que se ahorcó en su habitación en octubre del año 2006 tras sufrir «una broma» a través de Internet por parte de Lori Drew, de cuarenta y nueve años, la madre de una de las amigas de la joven.

Según parece, la señora Drew se habría hecho pasar por un chico de dieciséis años y habría fingido un interés romántico por Megan. Cuando la chica se enamoró del supuesto amigo, éste (Lori Drew, en realidad) la abandonó y le dijo que el mundo sería un lugar mejor sin ella. La joven, de carácter depresivo, no pudo resistir un desengaño tan fuerte y se ahorcó en su habitación. La señora Drew ha sido procesada en los juzgados estadounidenses y cuando este libro iba hacia la imprenta todavía estaba pendiente de sentencia.

No pretendo con estos ejemplos ni sembrar excesiva preocupación entre los padres ni que piensen que porque sus hijos se conectan a Internet van a terminar ahorcándose en sus habitaciones. Afortunadamente, se trata de casos muy excepcionales y el fenómeno de los adolescentes con tendencias suicidas es muy anterior a la aparición de la Red. El mensaje que se desprende de estas terribles tragedias es que, como bien nos dicen los admirables padres del joven Ryan Patrick Halligan, mejorando un poco la comunicación con nuestros hijos podemos evitar que las cosas pasen a mayores.

El fenómeno denominado *cyberbullying* o ciberacoso es, en mi opinión, el fenómeno asociado a los jóvenes y a la Web más preocupante de todos. El acoso por Internet tiene lugar cuando una persona, de forma intencionada y repetida, ejerce su poder o presión sobre otra con ayuda de medios electrónicos y de forma maliciosa, con comportamientos agresivos, tales como insultar, molestar, el abuso verbal, las amenazas, humillaciones, etc.

Las televisiones y los periódicos están virtualmente inundados de noticias sobre casos de ciberacoso en escuelas e institutos.

Los casos que aparecen en la prensa ponen los pelos de punta, no sólo por la crueldad de los acosadores y el terrible sufrimiento que infligen a sus víctimas, sino porque ponen en evidencia que los casos de ciberacoso, lejos de ser esporádicos o excepcionales, se producen con demasiada frecuencia, hasta el punto de que, según algunos estudios publicados recientemente, más de la mitad de los adolescentes habrían sido víctimas de ciberacoso en alguna ocasión.

Siempre ha habido menores que han sufrido acoso en el colegio, porque siempre ha habido niños que disfrutaban haciéndoles la vida imposible a otros niños. Lo novedoso y preocupante del ciberacoso es que, con la ayuda de las comunicaciones electrónicas e Internet, este acoso se puede hacer de manera más sistemática y casi anónima, provocando un sufrimiento mucho mayor y mucho más perverso en las víctimas.

Se trata de un fenómeno mucho más común entre las chicas que entre los chicos y, aunque todos los alumnos de la clase pueden ser víctimas potenciales del acoso de otros compañeros, las víctimas suelen ser los «raros», es decir, aquellos que son diferentes física o anímicamente: el gordito, el empollón, el enfermizo, el que está siempre con las chicas...

En el caso de las acosadoras, el ciberacoso suele ser síntoma de una baja autoestima, y en el caso de los acosadores, lo contrario, es decir, demasiada autoestima. El *bully* (acosador) suele tener problemas en casa o problemas para relacionarse con los demás. A veces no es más que la víctima de un acoso anterior.

Por su parte, la víctima, es decir, el niño o adolescente que es objeto de mofa por parte de otros compañeros en las redes sociales, o que recibe amenazas o insultos en su teléfono móvil, se convierte en un ser inseguro, depresivo, ansioso, solitario... infeliz, en una palabra. Las víctimas de ciberacoso piensan de sí mismos que tienen una vida miserable y les va peor en el colegio. Por desgracia, la mayoría de las víctimas esconden el problema a sus padres por vergüenza, sobre todo los más mayores, porque temen que denunciando el caso sólo van a conseguir que las cosas vayan a peor o que sus padres les corten su conexión a Internet. Esto impide muchas veces que los padres podamos intervenir para solucionar el problema.

Los padres debemos mostrar tolerancia cero con el ciberacoso. Si somos conscientes de algún caso es nuestra obligación tratar el asunto con los educadores e intervenir de inmediato. No se trata sólo de impedir el sufrimiento de las víctimas, sino también una reacción en cadena, ya que a menudo las víctimas, por venganza, pasan a ser los torturadores. Precisamente por eso, porque ocurre a menudo que el ciberacoso genera reacciones en cadena, no hay que sacar juicios precipitados sobre quién es el agresor y quién es la víctima, ya que puede ocurrir que la víctima haya sido hasta muy poco antes el verdadero agresor y no haya hecho más que recibir de sus víctimas un poco de su propia medicina.

¿Por qué vivimos una epidemia de ciberacoso en los colegios y en los institutos?

Para comprender el problema del ciberacoso hay que partir de la base de que los niños y los adolescentes son muy fácilmente influenciables. Al igual que ya comentábamos en un capítulo anterior sobre la «pornización» de la sociedad y el impacto que ello está teniendo en las prácticas sexuales de los adolescentes, la dinámica del conflicto y de la violencia está por todas partes y acaba influyendo a los más jóvenes.

Muchas de las comedias que se ven hoy en día en televisión consisten en jóvenes que se burlan de otros jóvenes. En *reality shows* como «Operación Triunfo» o «Gran Hermano», los participantes se atacan y se humillan, y ya se ha convertido casi en una costumbre que entre los jueces de estos *reality shows* haya siempre una persona agresiva, desagradable (el borde), que realiza comentarios despectivos sobre los participantes, lo que aumenta el morbo y la audiencia del programa y arranca lágrimas de dolor entre los participantes.

Si mi hijo es un buen chico: ¿cómo es posible que haga esas cosas?

Los ciberacosadores se enfrentan a lo que los psicólogos denominan como una «disonancia cognitiva», es decir, una contradicción entre lo que saben que es correcto y lo que hacen en realidad. La clásica disonancia cognitiva es la que sufre el fumador habitual: es consciente de que el tabaco le va a llevar a la tumba, pero aun así encuentra excusas para seguir haciendo lo que le gusta: «Me voy a morir de todas maneras», «Winston Churchill vivió con un puro pegado a los labios y murió a los noventa años», etc.

Los ciberacosadores saben en su fuero interno que lo que están haciendo no está bien, pero resuelven la disonancia cognitiva con racionalizaciones como «es sólo un juego», «todo el mundo lo hace», «se lo merecen» o «no me van a pillar, no saben quién soy».

Si descubre que su hijo ha estado acosando a otros chicos por Internet, la mejor forma de impedir que el acoso vuelva a suceder (además de propinarle un castigo ejemplar) es atacando de frente la falsedad de estas racionalizaciones:

a) El ciberacoso no es un ningún juego. Se trata de algo muy real y las víctimas sufren mucho.

b) No es verdad que todo el mundo haga esas cosas. En

realidad, los que las llevan a cabo son muy pocos, pero provocan mucho ruido.

c) Nadie se merece sufrir de esa manera.

d) El ciberacoso nunca pasa desapercibido. Es mucho más fácil descubrir a un ciberacosador que a uno que utiliza medios más tradicionales, pues en Internet todo queda escrito en alguna parte, mientras que las palabras se las lleva el viento.

Formas de ciberacoso

Outing *o sacar a alguien del armario*

El día 4 de noviembre de 2002, el estudiante canadiense de catorce años Ghyslain Raza se grabó con el palo que se utiliza para recoger las bolas de billar simulando los lances de espada del popular personaje de la saga de «La guerra de las galaxias»: Darth Maul.

El vídeo fue descubierto por casualidad por unos compañeros de Ghyslain Raza, que lo colgaron en Internet sin su permiso, más concretamente en la red de descargas Kazaa. A día de hoy, el vídeo *Star Wars Kid* es el más famoso de la historia de Internet, con más de mil millones de descargas e infinidad de versiones y deformaciones del vídeo original.

Si bien el vídeo original ha sido retirado de Youtube, se encuentra disponible en Google Video (algo ciertamente curioso, tratándose de la empresa propietaria de Youtube...), al igual que varias versiones del primero.

Los padres de Ghyslain Raza demandaron a los padres de los compañeros de su hijo por daños y perjuicios. Según explicaron sus padres, Ghyslain había sufrido muchísimo por ser objeto de mofa planetaria y padecía graves problemas psicológicos. Los padres llegaron a un acuerdo extrajudicial en abril de 2006 (los detalles del acuerdo nunca se han hecho públicos, pero se cree que alguna de las familias de los acosadores tenía un seguro de responsabilidad civil que se hizo cargo de abonar una importante indemnización).

Star Wars Kid es un claro ejemplo de *outing*, es decir, compartir un secreto o una información vergonzosa sobre alguien. A veces, el *outing* se hace para mofarse de otro; otras, por venganza, como ocurre a menudo con los vídeos de prácticas sexuales que el miembro despechado de la pareja hace públicos en Internet.

Otro ejemplo tristemente famoso de *outing* (también conocido como *sexting*) es el de una adolescente del Bronx que cometió el error de enviar a su novio un vídeo en el que aparecía masturbándose. El novio lo reenvió a unos amigos y finalmente terminó en las redes de descarga de archivos, y dio origen a millones de descargas.

Delitos contra la intimidad y el honor a través de Internet

Los padres tenemos la responsabilidad de advertir a nuestros hijos adolescentes de que, de conformidad con la legislación española, comportamientos como colgar vídeos o imágenes lesivas del honor y la intimidad de otra persona en Internet se consideran actos delictivos y están castigados con penas de entre uno y cuatro años de cárcel. Si los responsables son menores de edad, los padres son, además, civilmente responsables por los daños que ocasionen sus hijos.

Nuestros hijos deben saber que ese tipo de «bromas» de mal gusto, en las que se publican vídeos de compañeros borrachos o imágenes retocadas con Photoshop como si se tratara de anuncios de contactos, pueden terminar en manos de la policía o de la fiscalía y pueden hacer que a más de uno se le congele la sonrisa...

Denigrar e insultar

Lo de denigrar e insultar a los profesores y a otros alumnos viene de antiguo. Antes de la aparición de Internet, era frecuente leer los insultos en las puertas de los servicios. También había quien enviaba notas anónimas o llamaba por teléfono y colgaba sin decir palabra.

Hoy en día, los insultos y las amenazas se publican en blogs y en «muros» de las redes sociales, con lo que la exposición resulta mucho mayor. Las llamadas de teléfono se sustituyen por el envío de mensajes de texto de manera repetida o por otros medios automatizados, lo que provoca una gran angustia y desazón a las víctimas. A veces, los agresores se hacen pasar por otras personas (algo que no es difícil, porque los muchachos se suelen intercambiar sus contraseñas), provocando aún mayor confusión.

Cuando los chicos responden a los mensajes insultantes, se crea una guerra por Internet (*flame war*), a la que se suman a menudo los amigos de los adolescentes enfrentados y que puede degenerar en agresiones físicas. Por esta razón, es importante que nuestros hijos sepan que, en caso de recibir insultos por Internet, deben ignorarlos, nunca enzarzarse en descalificaciones por medios electrónicos, y si el agresor persiste en sus ataques, deben poner el asunto en conocimiento de los padres y los profesores.

La pesadilla de perder la intimidad en Internet

Una vez que algo se sube a Internet resulta muy difícil hacerlo desaparecer. La información se replica de forma automática en infinidad de servidores. El vídeo *Star Wars Kid* constituye un buen ejemplo: se eliminó de Youtube, pero no de Google Video, ni sospecho que de otros portales de vídeos compartidos similares.

Si no cree lo que le digo, eche un vistazo a «The Wayback Machine», del Internet Archive, e introduzca allí cualquier direc-

<http://www.archive.org/web/web.php>

ción de un sitio web que use a menudo y una fecha anterior. En la imagen aparece la página del buscador Google en 1999.

El Internet Archive y otros sistemas similares (a veces con propósitos no tan loables) mantienen copias de todo lo que se publica en la Red y no hacen diferencia entre noticieros de gran importancia o el blog de un adolescente. La información nace, crece, pero rara vez se destruye o muere.

A menudo los padres advertimos a nuestros hijos de que no cuelguen información personal en Internet, pero por desgracia este tipo de mensajes no cala en preadolescentes o adolescentes que poco tiempo atrás aún seguían dejando sus dientes bajo la almohada esperando al Ratoncito Pérez. Pretender que sean capaces de calibrar los riesgos de colgar información personal en la Red es poco realista. Y no se trata sólo de una cuestión de inteligencia, sino que los niños y los adolescentes, por muy listos que sean, no están fisiológicamente preparados para calibrar los riesgos, pues la parte del cerebro que más se desarrolla hasta los diez años es la trasera, relacionada con las emociones, mientras que la parte delantera, la que se utiliza para tomar decisiones, se desarrolla más tarde.

Es por esta razón por la que los niños esperan que los padres tomen las decisiones por ellos y las acatan. En otras palabras, no podemos esperar que nuestros hijos sean plenamente conscientes de las consecuencias de sus actos, y mucho menos de riesgos vagos y abstractos como la pérdida de la privacidad en Internet. Para que el mensaje cale en nuestros hijos, los padres tenemos que explicar la conexión causa-efecto de manera muy clara para que comprendan el riesgo al que se enfrentan. Hay que hablarles de casos reales de chicos que dejaron información personal en la Red y que fueron víctimas de depredadores sexuales o terminaron siendo la burla de todo el colegio.

Suele ser efectivo asimilar la información que se cuelga en Internet con un tatuaje que nunca se borra: dígale a sus hijos que cada vez que publican información en la Web sobre ellos mismos o sobre otras personas es como si la estuvieran tatuando sobre su piel y cite algunos ejemplos: ¿qué pasará si mañana terminas con tu novia actual y tu próxima novia puede ver en Internet todas esas fotografías en las que apareces besándote con otra chica?, ¿qué posibilidades tendrás de conseguir un empleo como monitor de campamento el verano que viene si se puede ve en la Red un vídeo en el que apareces emborrachándote con tus amigos?

Sólo con este tipo de ejemplos podremos conseguir que nuestros hijos tomen conciencia (relativamente) de lo importante que resulta adoptar siempre una actitud de reserva con respecto a la información que se vuelca en Internet. Y digo relativamente porque el uso de las redes sociales y la apertura de la Web están cambiando la percepción que los jóvenes tienen sobre el tema de la protección de datos y de la privacidad, de tal forma que, cuando los padres empezamos a hablar de protección de datos en Internet, nuestros hijos a menudo ponen los ojos en blanco, como si nos refiriésemos a un asunto del pasado, una de esas viejas glorias de los años ochenta que ya no le interesa a nadie...

Sexting

Se trata de un fenómeno relativamente reciente. Consiste en enviarse fotografías o vídeos sexuales explícitos (a menudo de uno mismo) a través de Internet o a través de los teléfonos móviles (que llevan cámaras incorporadas y, por tanto, sirven para realizar las fotografías o los vídeos). Esta práctica se estaría extendiendo peligrosamente entre los adolescentes, que envían fotos y vídeos picantes para ligar o por diversión, sin sospechar que pueden acabar siendo difundidos en Internet a velocidad de vértigo, y con consecuencias devastadoras.

Los medios estadounidenses se han hecho eco el año 2009 de la tragedia de Jesse Logan, una joven de dieciocho años que envió a su novio unas fotografías en las que aparecía desnuda. Cuando rompieron, el novio envió las fotografías a compañeros del instituto, que empezaron a acosarla llamándola zorra y puta. La joven dejó de asistir al instituto sin decírselo a sus padres, cayó en una profunda depresión y finalmente se suicidó.

En definitiva, con fenómenos como el *sexting*, la prevención es el mejor aliado. Por lo tanto, conviene advertir a nuestros hijos de los peligros de esta práctica, y también hay que decirles que si alguna vez reciben fotos o vídeos de terceras personas con contenido sexual, deben destruirlos inmediatamente y no reenviarlos a nadie, pues en casos extremos, la mera posesión o divulgación de estos vídeos puede ser constitutiva de delito (por ejemplo, pornografía infantil).

Las recomendaciones de
la Agencia de Protección de Datos Española

En una iniciativa aplaudida por todos, la Agencia de Protección de Datos Española ha aprobado un documento denominado *Derechos de niños y niñas, deberes de los padres y madres*, en el que establecen recomendaciones claras sobre la protección de datos, Internet y los más jóvenes.

Entre otras muchas recomendaciones útiles, la agencia recuerda a las empresas que, para tratar los datos de un menor de catorce años, es preciso el consentimiento de sus padres, y que está terminantemente prohibido utilizar al menor para obtener datos de su entorno familiar.

A los niños, la agencia les recuerda que no den sus datos a desconocidos y que tengan mucho cuidado, porque no todo el mundo es quien dice ser en Internet, y que confíen siempre en sus padres.

<https://www.agpd.es/portalweb/canal_joven/common/pdfs/recomendaciones_menores_2008.pdf>.

El problema de los depredadores sexuales

Cuando éramos pequeños, los depredadores sexuales se paseaban por los parques y por las puertas de nuestros colegios en busca de sus víctimas. Hoy en día, ya no pasan frío en la calle: seleccionan a sus víctimas cómodamente sentados desde sus casas, registrándose en las redes sociales y haciéndose pasar por otros jóvenes.

Los depredadores sexuales se dividen en dos grandes categorías: el seductor y el depravado. El seductor actúa de una forma más lenta y sofisticada, se va ganando poco a poco la confianza del adolescente, pasando gradualmente de la amistad a la seducción. Por el contrario, el depravado no pierde el tiempo en ganarse la confianza de los muchachos, sino que navega incansablemente por la Red en busca de jóvenes que por distintas razones parecen proclives a mantener encuentros sexuales.

Cuando el depredador sexual consigue ganarse la confianza del joven, le convence para tener un encuentro a la salida del colegio o durante el fin de semana, momento en el que no le resulta difícil lograr que la víctima practique el sexo con él sin necesidad de violencia o amenazas. El 99 % de los pederastas es de sexo masculino y la gran mayoría de las víctimas son chicas entre los trece y los dieciséis años (sólo una de cada cuatro víctimas es un chico). Antes de esa edad, las chicas son demasiado pequeñas y carecen de autonomía para ir al encuentro del pederasta, y cuando son más mayores, suelen darse cuenta del engaño y reaccionar a tiempo.

Los pederastas insisten a sus víctimas en que deben guardar absoluto secreto sobre su relación. Por tanto, no es fácil averiguar que su hijo o su hija está sufriendo el ataque de un depredador sexual. Muchas veces, las chicas sospechan que algo no va bien, pero no se atreven a consultar con los padres por vergüenza y tampoco a cortar la relación con el depredador, que abusa de su superioridad y su mayor experiencia para manipular a la joven.

¿Cómo puedo saber si mi hijo o mi hija podría estar sufriendo el ataque de un depredador sexual?

Si su hijo o hija apaga el ordenador cuando alguien se acerca o cambia de pantalla demasiado a menudo, esto constituye un indicio de que está haciendo algo que no quiere que usted vea. Puede que esté visionando contenido inapropiado (por ejemplo, pornografía) o quizá esté chateando con alguien que no debiera.

Si su hijo o hija borra regularmente su historial de navegación, ésa podría ser otra indicación de que podría estar ocurriendo algo peligroso.

Finalmente, si su hijo o hija le hace preguntas sutiles sobre sexo o sobre Internet, podría tratarse de una indicación de que desea que usted intervenga, pero no se atreve a pedírselo porque tiene miedo de su reacción.

La adicción a Internet

Los especialistas no se ponen de acuerdo sobre si se puede hablar de una verdadera «adicción» a Internet o a los videojuegos pero, con independencia de si el fenómeno se puede o no catalogar como un verdadero trastorno o patología, lo cierto es que el problema existe y que los padres tenemos que ser conscientes de ello.

En un capítulo anterior sobre los videojuegos ya avanzamos algunas ideas. Internet puede resultar muy adictivo, sobre todo para los niños y los adolescentes, porque es rápido, a la carta y gratuito. Es como una enorme caja de golosinas sin fondo a la que siempre se puede acudir para saciar la curiosidad y combatir el aburrimiento. Además, la Red es un medio en el que los niños y adolescentes se sienten en igualdad de oportunidades con los adultos o incluso superiores gracias a sus mayores habilidades tecnológicas.

Navegando por Internet, las horas se convierten en minutos. Nuestros hijos parecen como hipnotizados frente a la pantalla. Los que tienen problemas en casa o en el colegio encuentran en la Web un mundo virtual al que pueden «escapar» de sus problemas de la vida real.

¿Cómo puedo saber si mi hijo es adicto a Internet?

El hecho de que su hijo pase muchas horas frente a la pantalla no le convierte automáticamente en «un adicto». Quizá uno de los síntomas más claros es el cansancio o la fatiga física fruto de sacrificar las horas de sueño, ya sea enfrascado en interminables partidas de juegos en línea o en larguísimas conversaciones en el Messenger hasta altas horas de la madrugada.

Otro indicio de que su hijo podría estar desarrollando problemas de adicción es que se muestre irritado o depresivo cuando no puede estar frente a la pantalla (por ejemplo, cuando se marchan ustedes de viaje de fin de semana), o que la primera cosa que haga sistemáticamente cuando llega a casa sea conectarse al ordenador, o que manifieste una euforia excesiva cuando está frente a éste.

El vídeo del «niño alemán loco»

Uno de los vídeos más famosos de Internet (junto al del *Star Wars Kid*, que ya hemos comentado con anterioridad) es el conocido como «niño alemán loco», un vídeo que muestra a un adolescente alemán en un fuerte estado de euforia y ansiedad, diciendo palabrotas y golpeando el teclado fuera de sí, durante una partida de un videojuego en línea.

Para acceder al vídeo basta escribir «niño alemán loco» en Youtube.

La pesadilla de las fiestas anunciadas en las redes sociales

En los últimos meses se han publicado en la prensa varios casos de fiestas de adolescentes que fueron anunciadas en las redes sociales y que terminaron en una auténtica pesadilla cuando la casa del organizador o la organizadora del evento se vio invadida por una multitud de adolescentes ebrios que se dedicaron a destrozar la vivienda y el mobiliario.

Uno de los casos más sonados fue el de la adolescente británica afincada en la Costa del Sol, Jodie Huston, de dieciséis años, que anunció su fiesta de cumpleaños en Bebo y en Facebook y afirmó que todo el mundo estaba invitado «a la fiesta del año». Para empeorar las cosas, se corrió el rumor de que a los padres de la homenajeada no les importaba que se destrozase la casa porque se estaban divorciando.

Hasta cuatrocientos adolescentes invadieron la vivienda de Jodie y en una orgía de sexo y alcohol se dedicaron a destrozarlo todo, hasta que apareció la policía de Marbella y los jóvenes se dispersaron a la carrera. Las fuerzas policiales describieron la casa como «una zona de guerra», con sillas, mesas y hasta un televisor en el fondo de la piscina, el robo de joyas y otros objetos de valor, muebles destrozados y ropa arrojada por las ventanas.

Qué pueden y qué no pueden hacer

Si ha llegado usted hasta aquí, está de enhorabuena, porque ya sabe lo que hacen sus hijos en Internet y, por tanto, está en condiciones de intervenir y hablar con ellos sobre el asunto.

En este capítulo final vamos a centrarnos en cómo sacar partido a los conocimientos adquiridos con la lectura de este libro. Primero, responderemos a las dos preguntas que se plantean todos los padres: ¿qué cosas son las que debo permitirles y cómo puedo controlarles? Finalmente, daremos algunos consejos sobre «la conversación» con nuestros hijos.

En uno de los estudios más reconocidos y citados sobre estilos educativos por parte de los padres, Diana Baumrind identifica tres tipos de padres: el autoritario, el permisivo y el padre con autoridad. Para entendernos, el padre autoritario es el de «ordeno y mando»; el permisivo, el que considera que «está demasiado ocupado para esto», y el padre con autoridad es el que educa bien a sus hijos «con habilidad y mano izquierda».

Si traducimos estos estilos educativos generales a la educación sobre Internet, el padre autoritario será el típico que no se fiará de lo que hacen sus hijos en Internet, tratará de controlar todo lo que llevan a cabo con filtros y programas espías y dará instrucciones sobre lo que pueden y lo que no pueden hacer, pero sin molestarse en explicar bien a los jóvenes las razones que hay detrás de sus mandamientos.

El padre permisivo, que desgraciadamente es el más abundante, por el contrario, mirará hacia otro lado excusándose en que, o bien no tiene tiempo para estar controlando lo que hacen sus hijos en Internet o bien que «espiar a sus hijos» sería una invasión intolerable de su intimidad.

El padre con autoridad, por último, vigilará discretamente lo que hacen sus hijos en Internet, no tanto para espiar lo que efectúan (aunque en casos extremos no dudará en hacerlo por el bien de su hijo), sino mediante un diálogo continuado con ellos durante el cual logrará orientarlos hacia los usos formativos y educativos de la Red.

Hay algunos padres (esperemos que ninguno tras leer este libro) que, angustiados ante la posibilidad de que sus hijas adolescentes terminen citándose con un pedófilo en un centro comercial en mitad de la noche o de que sus hijos pasen las noches en vela viendo pornografía, toman la determinación de cortar la conexión a Internet. Esta medida drástica, que puede ser la única solución posible en casos muy extremos, no parece la solución idónea para la mayoría de los casos. Y ello por dos razones fundamentales: en primer lugar, porque cortar el acceso a la Web desconecta a sus hijos de lo malo y también de lo bueno, y hay mucho bueno y positivo en la Red; en segundo término, porque más tarde o más temprano llegará un momento en el que sus hijos saldrán de casa (para visitar a un amigo, durante un campamento de verano...) y el problema se reproducirá seguramente con mayor crudeza.

Siguen a continuación unas recomendaciones generales sobre lo que pueden o deben hacer sus hijos en Internet, por franjas de edades. El propósito de las mismas es ayudarle a tomar sus propias decisiones según el margen de libertad que crea que debe usted darles a sus hijos y de la madurez que éstos demuestren en cada caso.

Recomendaciones sobre el uso de Internet
para niños de hasta ocho años

Si sus hijos todavía escriben cartas a los reyes magos de Oriente, no puede esperar que entiendan los riesgos de Internet ni que tomen decisiones responsables.

Lo más recomendable es que la navegación por la Red esté tutelada en todo momento. Una forma fácil de conseguirlo es utilizar el menú de favoritos del navegador y crear una carpeta: «Los favoritos de Pepe», en la que el niño encontrará los únicos sitios de Internet que está autorizado a visitar. Esta lista se puede ir ampliando y actualizando, incluso con las sugerencias del pequeño, lo importante es que comprenda que no tiene permiso para visitar otros sitios sin consultar con usted primero. En «Los favoritos de Pepe» puede haber muchos juegos y aplicaciones educativas.

Por último, si quiere iniciar a su hijo en el uso del correo electrónico, puede crearle una cuenta webmail a condición de que sólo podrá utilizarla para intercambiar correos con la familia y sus amigos de clase. Para poder escribir o contestar a otras personas, tendrá que pedir permiso antes.

Recomendaciones para niños entre los ocho y los diez años

A partir de los ocho años, muchos padres ya dejan a sus hijos usar los buscadores de Internet y navegar con más libertad (sobre todo si hay un filtro instalado en el ordenador), aunque deben dejarles muy claro que no pueden apuntarse a nada ni bajarse nada de la Red sin preguntar antes.

Es normal que a esta edad sus hijos quieran apuntarse al Messenger para hablar con sus amigos. Déles permiso sólo si piensa controlar regularmente a los amigos con los que chatean. Muy importante también a esta edad: establezca un límite de tiempo frente al ordenador, pues de lo contrario el niño pasará demasiado rato frente a la pantalla.

Recomendaciones para niños de once y doce años

Son años difíciles. Con estas edades, ellos ya se creen que son adolescentes, pero todavía son niños. Los preadolescentes quieren hacer la clase de cosas que realizan los adolescentes, pero todavía resulta un poco pronto para eso.

A estas edades, suelen producirse las primeras incursiones en sitios no apropiados (pornografía) y los primeros contactos con personas ajenas al círculo de amigos. Por tanto, hay que ser tajantes en la prohibición de ver pornografía y hay que advertirles, sobre todo a las chicas, sobre los depredadores sexuales que se hacen pasar por lo que no son.

Cuidado con la afición a los videojuegos, que puede crear adicción.

Recomendaciones para adolescentes
entre los trece y los quince años

Se trata de la fase de máximo riesgo y, por tanto, es cuando los padres tienen que extremar sus esfuerzos para educar a sus hijos sobre el uso de Internet.

En estos primeros años de la adolescencia lo quieren probar todo, pero todavía son demasiado jóvenes e inexpertos para comprender los riesgos que corren y tomar las decisiones apropiadas.

Muchas redes sociales permiten que los adolescentes se registren a partir de los trece o catorce años, o sea que es muy probable que quieran participar del aspecto social de la Web 2.0.

Le dirán que «necesitan su propio ordenador» y lo querrán instalado en su habitación, a salvo de la mirada de los padres y de otros miembros de la familia. Si decide comprar su propio ordenador a sus hijos, ponga como condición que deberá estar en un lugar público de la casa, donde le será infinitamente más fácil controlar lo que hacen con él. Eso sí: sea muy discreto con el control que realiza, porque los chicos a esas edades son muy susceptibles y no les gusta nada que los padres metan las narices en sus asuntos.

Si todavía no ha tenido una larga conversación sobre Internet con sus hijos, ahora es el momento de hacerlo.

Recomendaciones para adolescentes
entre los dieciséis y los dieciocho años

Relájese, pues lo peor ya ha pasado. Con estas edades los riesgos son menores y en cualquier caso resulta mucho más difícil controlar lo que hacen, así que, si cree que su hijo realiza un uso responsable del ordenador y de Internet, no debería haber inconveniente para que esté en su habitación. Le recomiendo, no obstante, que maneje el asunto de tal forma que parezca que se ha ganado ese derecho gracias a un comportamiento responsable.

Seguramente sus hijos sabrán bastante más sobre la Red que usted mismo, así que aprovéchese del asunto para pasar algún tiempo con ellos y para ponerse un poco al día.

Cómo controlar lo que hacen

No basta con saber qué es lo que deben o no deben hacer nuestros hijos en Internet a determinadas edades. También hay que mantener un control discreto para asegurarse de que hacen un uso responsable e intervenir en caso de necesidad. Controlar no siempre es fácil, pero a continuación incluyo algunos consejos prácticos que quizá le puedan ayudar.

Tal vez lo más importante es que los ordenadores de nuestros hijos estén en una estancia pública de la casa. Antes de los dieciséis años no es recomendable que los niños o los adolescentes tengan los ordenadores en su propia habitación, pues entonces le será a usted mucho más difícil controlar lo que hacen. Por el contrario, si los ordenadores están situados en zonas públicas de la vivienda, a los chicos les resultará difícil hacer ciertas cosas que no quieren que otros vean y aunque siempre habrá momentos en los que los muchachos estarán a solas y podrán hacer cosas que no están bien, ello será la excepción, y no la regla.

Ya hemos tratado brevemente sobre los filtros con anterioridad y hemos comentado que eran útiles y recomendables a edades tempranas, pero no tanto en el caso de adolescentes más mayores. Si se decide a instalar un filtro, hay dos cosas que no debe olvidar:

a) Informar a sus hijos de la existencia del filtro.

b) Superpóngalo a otro todavía más efectivo: la propia palabra de su hijo.

Todos los especialistas se muestran de acuerdo en que la tecnología es un complemento valioso, pero no la solución en sí. Tápeles los ojos a sus hijos si cree que es necesario, pero enséñeles también a usarlos, a ser críticos, a no dejarse engañar, a bloquearse ellos mismos el acceso a cosas que saben que no deben ver. Si su hijo le da su palabra de que no hará ciertas cosas y si sabe que si usted le descubre perderá los privilegios que le ha concedido, lo más probable es que cumpla lo prometido y se abstenga de ir a determinados sitios o de hablar con extraños.

Si descubre que su hijo ha estado visitando lugares inapropiados, no sea demasiado duro con él, por lo menos la primera vez. Cuando éramos adolescentes, todos hemos mentido alguna vez a nuestros padres y les hemos asegurado que íbamos a preparar un examen a casa de un amigo, cuando en realidad nos íbamos a pasar la noche con alguna amiga o de fiesta a la playa.

Nuestros padres o bien no se enteraron o bien fingieron no enterarse, pero en cualquier caso lo que no hicieron fue contratar a un detective privado para conocer qué es lo que hacíamos en cada momento. Por eso, personalmente, no soy muy partidario de que se espíe de manera continua lo que hacen nuestros hijos, destruyendo por completo su intimidad. Medidas como ésta, que están plenamente justificadas en casos extremos, no parecen muy razonables en la mayoría de los casos.

Cómo utilizar el control parental en Windows Vista

El sistema operativo Windows Vista incorpora una herramienta de control parental. Para activarla, vaya al panel de control y seleccione «Cuentas de usuario y protección infantil».

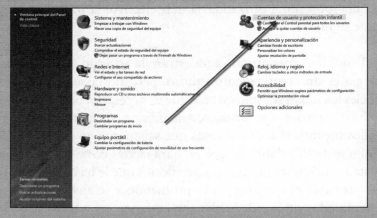

A continuación, haga clic sobre «Agregar o quitar cuenta de usuario».

Seguidamente, seleccione «Crear una nueva cuenta».

Después, seleccione «Usuario estándar» e introduzca el nombre del usuario.

Haga clic en «Configurar Control parental».

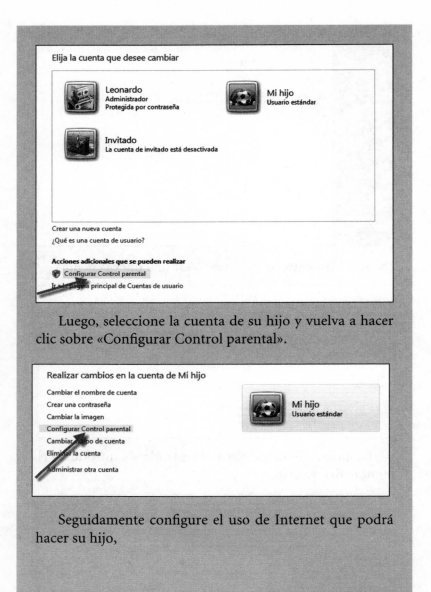

Elija la cuenta que desee cambiar

Leonardo
Administrador
Protegida por contraseña

Mi hijo
Usuario estándar

Invitado
La cuenta de invitado está desactivada

Crear una nueva cuenta
¿Qué es una cuenta de usuario?

Acciones adicionales que se pueden realizar

Configurar Control parental

Ir a la página principal de Cuentas de usuario

Luego, seleccione la cuenta de su hijo y vuelva a hacer clic sobre «Configurar Control parental».

Realizar cambios en la cuenta de Mi hijo

Cambiar el nombre de cuenta
Crear una contraseña
Cambiar la imagen
Configurar Control parental
Cambiar el tipo de cuenta
Eliminar la cuenta
Administrar otra cuenta

Mi hijo
Usuario estándar

Seguidamente configure el uso de Internet que podrá hacer su hijo,

168

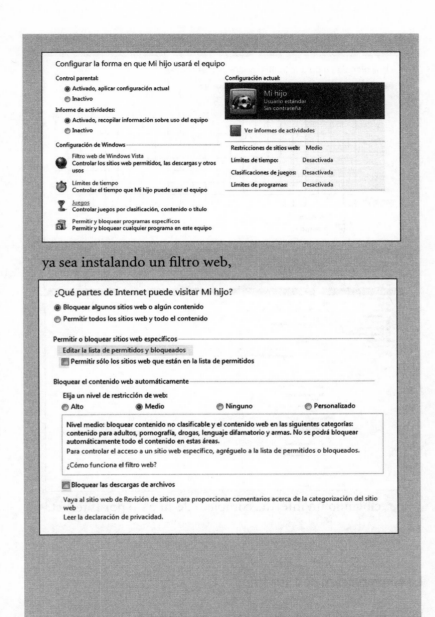

Configurar la forma en que Mi hijo usará el equipo

Control parental:
- ● Activado, aplicar configuración actual
- ○ Inactivo

Informe de actividades:
- ● Activado, recopilar información sobre uso del equipo
- ○ Inactivo

Configuración actual:

Mi hijo
Usuario estándar
Sin contraseña

Ver informes de actividades

Configuración de Windows

Filtro web de Windows Vista
Controlar los sitios web permitidos, las descargas y otros usos

Límites de tiempo
Controlar el tiempo que Mi hijo puede usar el equipo

Juegos
Controlar juegos por clasificación, contenido o título

Permitir y bloquear programas específicos
Permitir y bloquear cualquier programa en este equipo

Restricciones de sitios web: Medio
Límites de tiempo: Desactivada
Clasificaciones de juegos: Desactivada
Límites de programas: Desactivada

ya sea instalando un filtro web,

¿Qué partes de Internet puede visitar Mi hijo?

- ● Bloquear algunos sitios web o algún contenido
- ○ Permitir todos los sitios web y todo el contenido

Permitir o bloquear sitios web específicos

Editar la lista de permitidos y bloqueados

☐ Permitir sólo los sitios web que están en la lista de permitidos

Bloquear el contenido web automáticamente

Elija un nivel de restricción de web:
- ○ Alto
- ● Medio
- ○ Ninguno
- ○ Personalizado

Nivel medio: bloquear contenido no clasificable y el contenido web en las siguientes categorías:
contenido para adultos, pornografía, drogas, lenguaje difamatorio y armas. No se podrá bloquear
automáticamente todo el contenido en estas áreas.
Para controlar el acceso a un sitio web específico, agréguelo a la lista de permitidos o bloqueados.

¿Cómo funciona el filtro web?

☐ Bloquear las descargas de archivos

Vaya al sitio web de Revisión de sitios para proporcionar comentarios acerca de la categorización del sitio
web
Leer la declaración de privacidad.

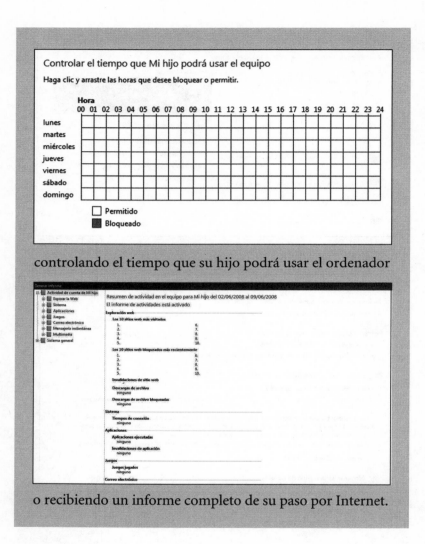

controlando el tiempo que su hijo podrá usar el ordenador

o recibiendo un informe completo de su paso por Internet.

La conversación con sus hijos

De manera deliberada, he dejado para el final del libro la que pretende ser la parte más útil de todas: unos sencillos consejos sobre cómo organizar una conversación con sus hijos sobre los riesgos y las oportunidades de Internet.

Cuando se habla con niños y adolescentes, tan importante como *lo que* se dice es *cómo* se dice. Si la conversación es con niños pequeños, resulta fundamental dejar muy claro el nexo de causalidad entre los riesgos de Internet y sus consecuencias. Si habla con adolescentes, por el contrario, lo importante consiste en dirigirse a ellos como si se tratase de auténticos adultos y pedir sus opiniones en todo momento.

Trate de lanzar la conversación en un momento en el que estén todos relajados y muestre verdadera curiosidad por lo que opinan sus hijos sobre Internet y sobre la tecnología en general.

Si la conversación tuviera lugar porque ha descubierto a su hijo o a su hija en un comportamiento inapropiado, recuerde que se encuentra frente a uno de los momentos más educativos de su infancia o adolescencia y que es importante mantener la calma y, sobre todo, no meter la pata.

1. *Ciberacoso: tolerancia cero*

El fenómeno del ciberacoso es, en mi opinión, el mayor problema ligado a los adolescentes e Internet, por su magnitud y por sus implicaciones sociales. Por lo tanto, recomiendo comenzar la conversación con sus hijos sobre este tema. Cuénteles el caso de Ryan Patrick Halligan y, si tiene el libro a mano, muéstreles su foto.

A continuación, conéctese a Internet, acceda a Google Video y muéstreles el vídeo *Star Wars Kid* y alguna de sus muchas secuelas. Cuando sus hijos rompan a reír, explíqueles que Ghyslain Raza lo pasó tan mal por culpa de la difusión de ese vídeo en la Red que estuvo varias semanas sin poder ir a su instituto y hubo de recibir tratamiento psiquiátrico. Dígales a sus hijos que nunca se enreden en descalificaciones a través de comunicaciones electrónicas, que nunca envíen un mensaje que su abuela no aproba-

El Club Techy

La unión hace la fuerza. Durante la adolescencia, nuestros hijos tienen una pandilla, un grupo de amigos que ejerce gran influencia sobre ellos. «Dime con quién andas y te diré quién eres», dice el refranero español.

Si dispone usted de una tarde libre y se considera una persona razonablemente tecnológica, le propongo que organice una reunión con los padres de los amigos de su hijo. Utilice para ello alguna excusa peregrina o aproveche que se juntan todos con motivo de algún cumpleaños y acuerden las reglas que se aplicarán por igual para todos los amigos: hasta qué hora de la noche se les dejará estar conectados, a qué redes sociales y juegos pueden apuntarse, qué clase de cosas pueden hacer en la casa de los amigos, etc.

Si ve usted a los otros padres receptivos, proponga poner en marcha un Club Techy de padres (o madres) e hijos para realizar todos juntos algún proyecto colectivo a través de Internet. El objeto es lo de menos; lo importante consiste en estar todos conectados y formar una comunidad.

Si no se le ocurre nada mejor, pueden crear un grupo con el nombre de la pandilla en una red social en la que podrán mandarse mensajes, recomendaciones sobre sitios, vídeos, preparar fiestas, cumpleaños; en definitiva, interactuar con sus hijos tecnológicamente.

ría y que, si alguien les acosa por Internet o a través del teléfono móvil, no deben tener miedo de denunciarle a los profesores.

Adviértales también que sean cuidadosos con la información que cuelgan en la Web, sobre todo fotografías y vídeos, pues son como un tatuaje que no se borra nunca, y si les ve receptivos, repasen juntos el decálogo de la «Netetiqueta».

2. Depredadores sexuales: el nexo de causalidad

Si usted tiene una hija adolescente, es fundamental que comente con ella el tema de los depredadores sexuales. Dígale que no se fíe de las apariencias en Internet y háblele de las chicas violadas y muertas a manos de sus citas cibernéticas. Dígale que nunca debe enviar fotos ni proporcionar ningún dato que pueda revelar su identidad, a menos que se trate de alguien que haya conocido en persona previamente.

3. Porno y publicidad: nada es lo que parece

Después de hablar de depredadores sexuales será fácil enlazar con el tema de los contenidos inapropiados en Internet. Dígale a sus hijos que está terminantemente prohibido ver pornografía en la Red y que, si les descubre, cortará la conexión, pero no se quede ahí y explique a sus hijos las razones de su decisión: hábleles de la «pornización» de la sociedad, de la deformación de la realidad que es la pornografía, de las empresas que ganan fortunas con el porno, y derive poco a poco hacia el tema de la publicidad y de la necesidad de mantener siempre los ojos abiertos. Diga a sus hijos que compren la música y los videojuegos *que ellos quieran* y no aquellos que las compañías de publicidad pretenden que ellos compren, que sean críticos con lo que ven y no se dejen engañar.

4. Cambio de registro: las posibilidades de Internet

Enlazando con la idea de ser críticos y utilizar su inteligencia, pase al lado positivo de Internet. Comente a sus hijos algunas cosas que nunca pudo hacer cuando era niño y que, de haber existido la Red, seguramente hubiera llevado a cabo: aprender y practicar idiomas, mantenerse en contacto con los amigos del verano a los que no veía durante el invierno o investigar y recopilar información sobre sus aficiones favoritas.

Hábleles de Internet como de una herramienta impagable para encontrar información, pero adviértales de que sean cuidadosos, porque muchas cosas que se publican en Internet no son ciertas y porque tanto enlace y contenido multimedia puede distraerles mientras hacen los deberes. Cuénteles que no es lo mismo leer en pantalla que en papel, y anímeles a que utilicen la Red para obtener ideas e información, pero nunca para copiar.

5. *Demuestre a sus hijos que le interesa Internet y la tecnología*

Para terminar, demuestre a sus hijos que ha aprendido sobre el tema de Internet y que está verdaderamente interesado. Esto hará que ellos le vean como más moderno y subirá algunos puntos en su consideración. Pregúnteles por su videojuego *on line* favorito, si tienen un perfil en una red social, si creen que debería usted darse de alta también en una, cuál creen que es mejor: Tuenti o Facebook, qué opinan de las redes *peer-to-peer* y de la piratería, si tienen un blog, si escuchan podcasts regularmente...

Y POR ÚLTIMO HABLE DEL ASUNTO
CON OTROS PADRES

En la primera página de este libro decía que albergaba dos grandes esperanzas. En primer lugar, que deseaba que se lo pasara usted bien con su lectura, y confío, que así haya sido y en que esta obra haya cumplido sus expectativas.

En segundo lugar, que hablara usted del libro con sus hijos y también con otros padres. Y éste es, sin lugar a dudas, el asunto más importante de todos: conseguir que más y más padres sepan lo que hacen sus hijos en Internet y que aprendan cómo pueden orientarles hacia usos más positivos y educativos.

Quizá pueda usted comentar alguno de los aspectos de esta obra en una próxima cena con sus amigos, o sacar el tema de conversación mientras espera que salgan sus hijos del colegio, o tal vez pueda compartir sus opiniones o experiencias en el blog:

<http://www.loquehacentushijos.com>

Por ayudarme a llegar hasta otros padres, le doy sinceramente las gracias, y por haber resuelto el misterio de lo que hacen sus hijos en Internet, ¡mi más calurosa felicitación!